九成宮醴泉銘

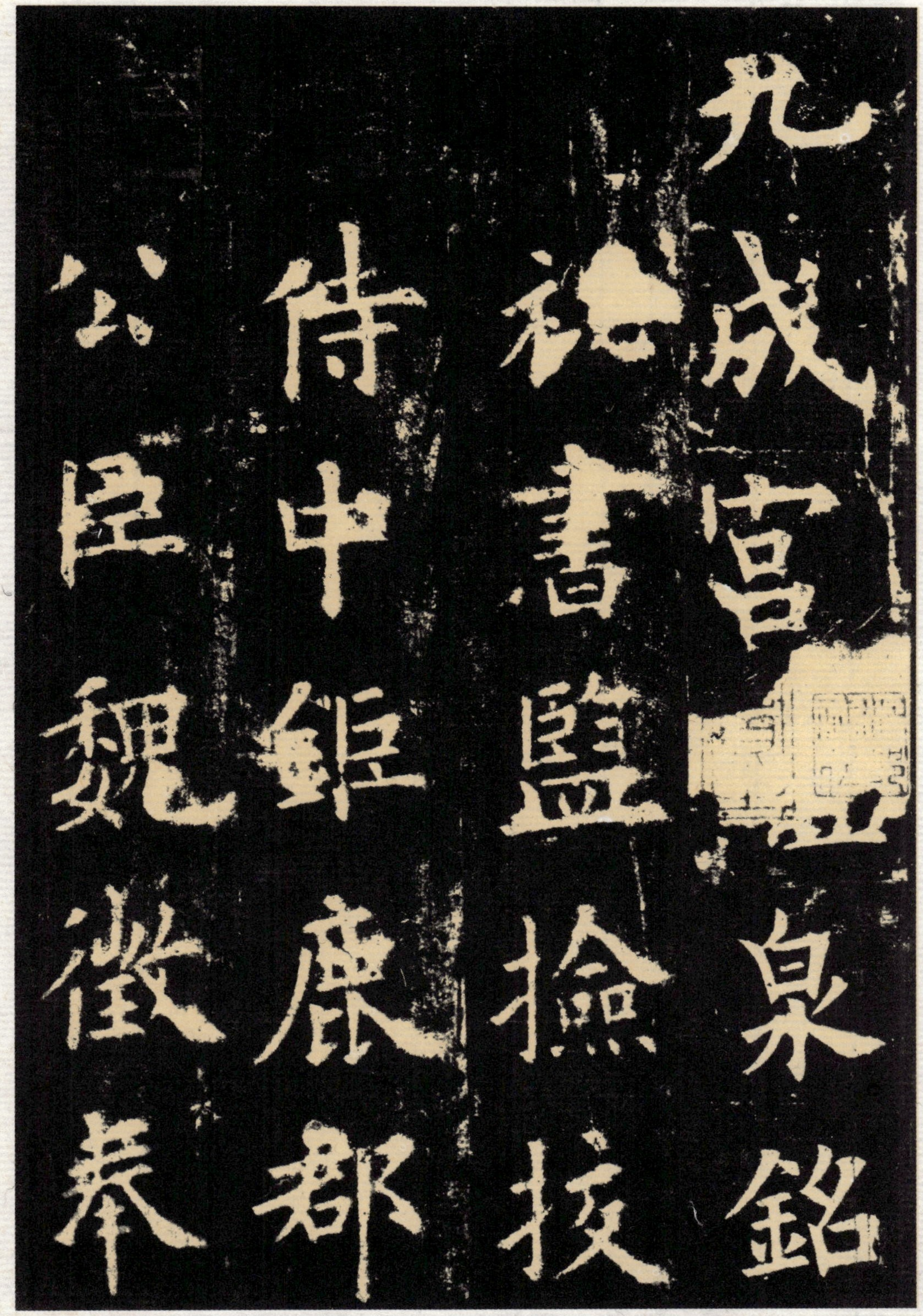

九成宮醴泉銘，秘書監、檢校侍中、鉅鹿郡公臣魏徵奉

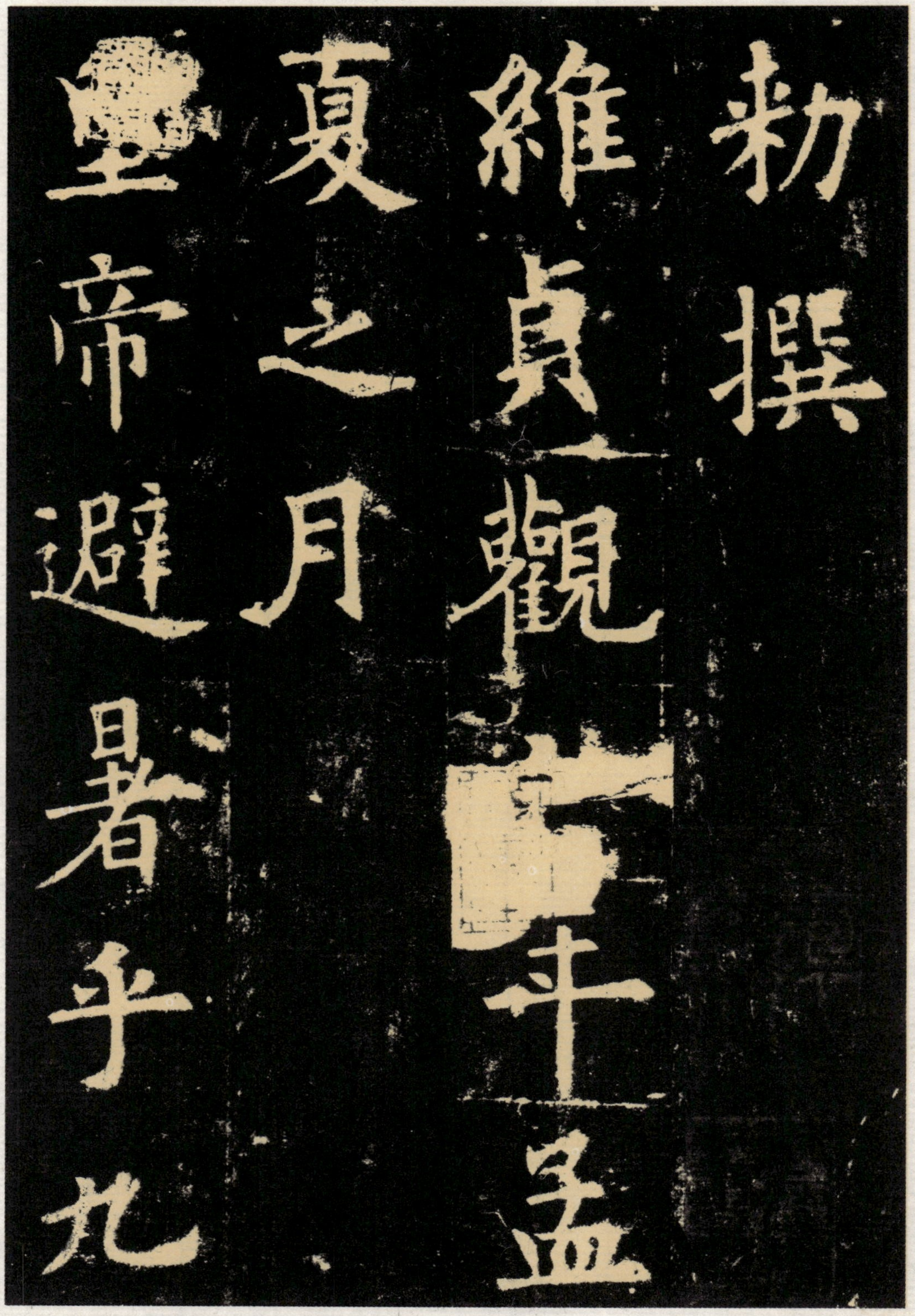

勑撰。維貞觀[六]年孟夏之月，[皇]帝避暑乎九

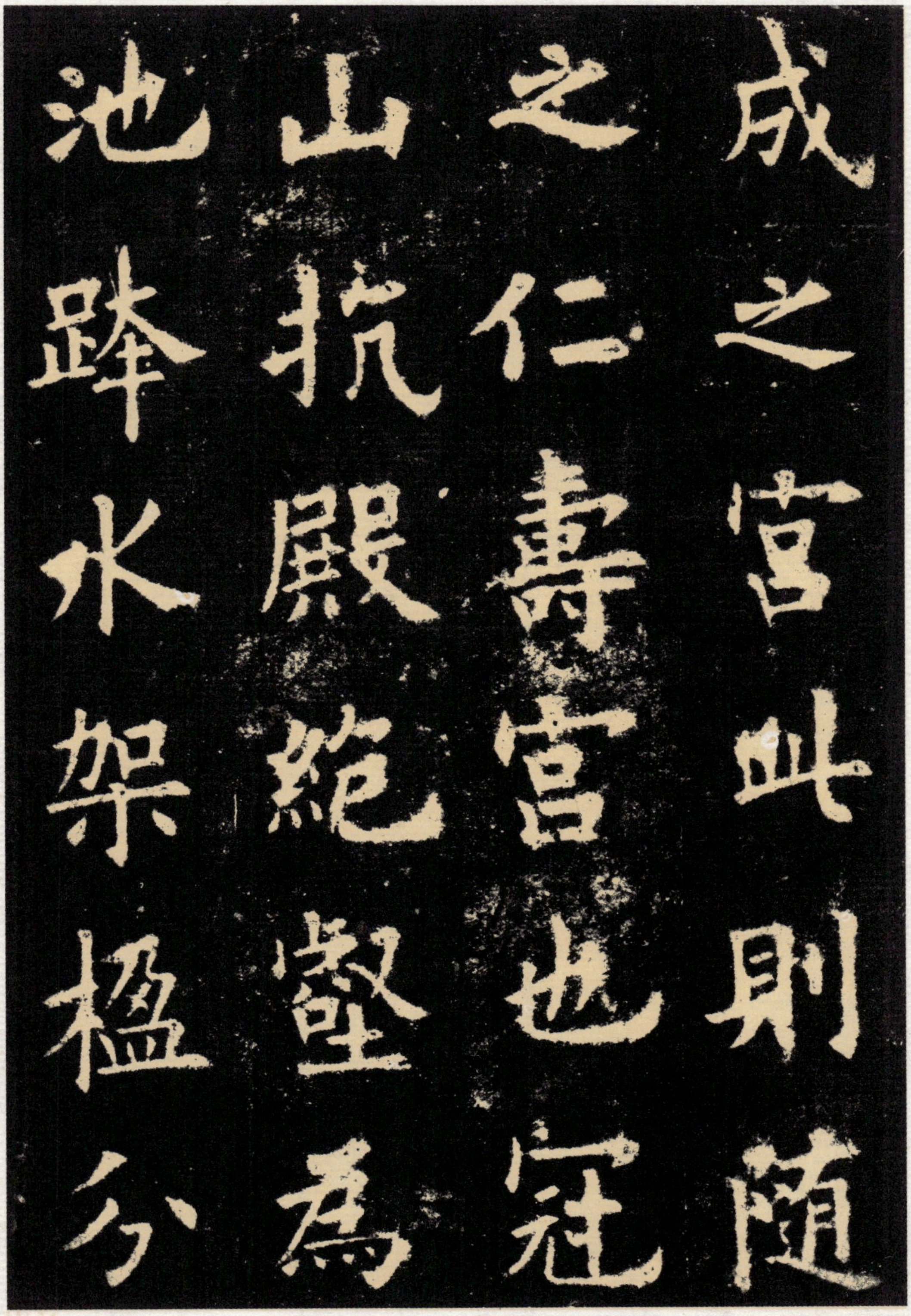

成之宫，此則〔随〕〔隋〕之仁壽宫也。冠山抗殿，絶壑爲池，跨水架楹，分

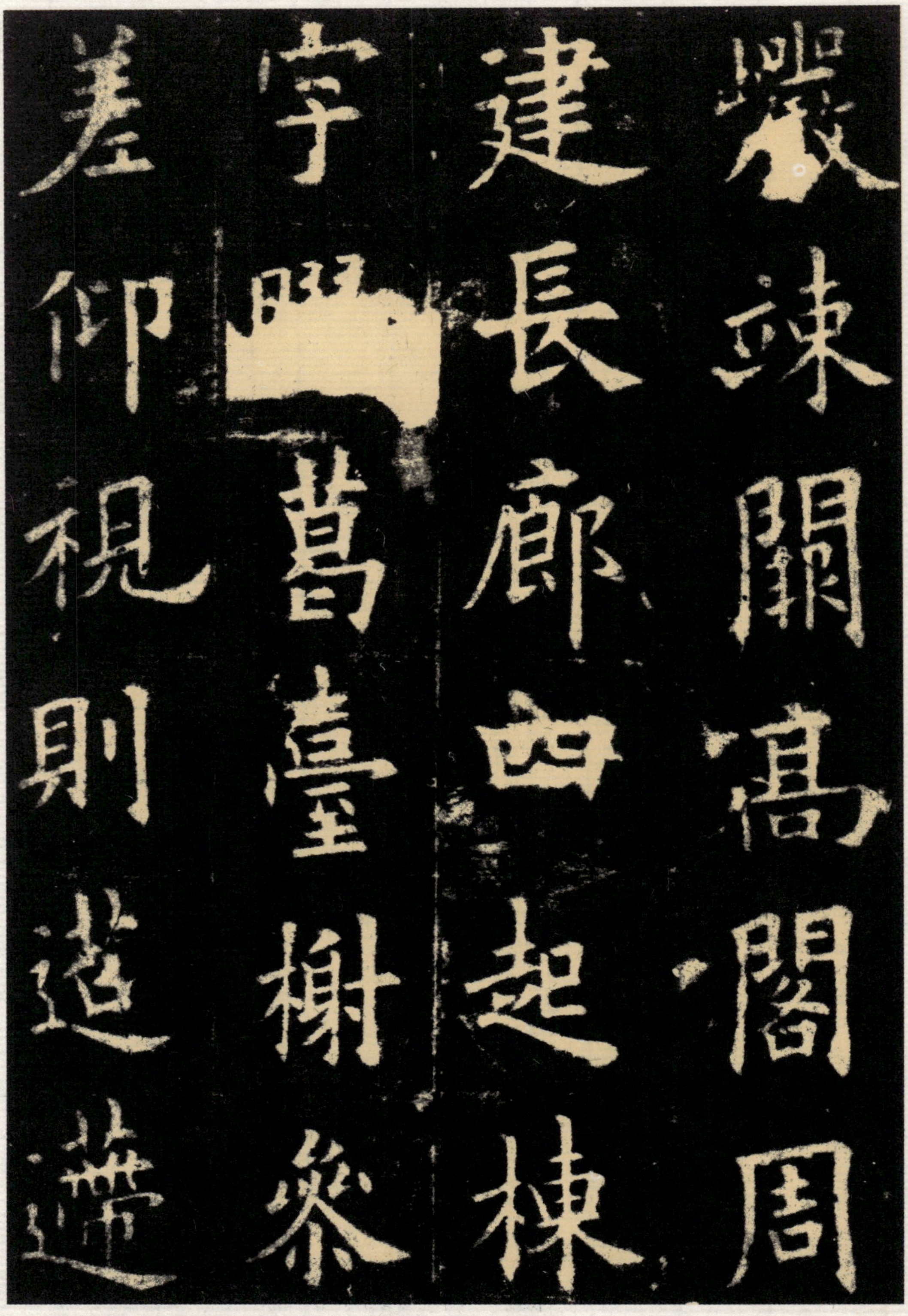

巗竦闕。高閣周建，長廊四起。棟宇膠葛，臺榭參差。仰視則遒遰

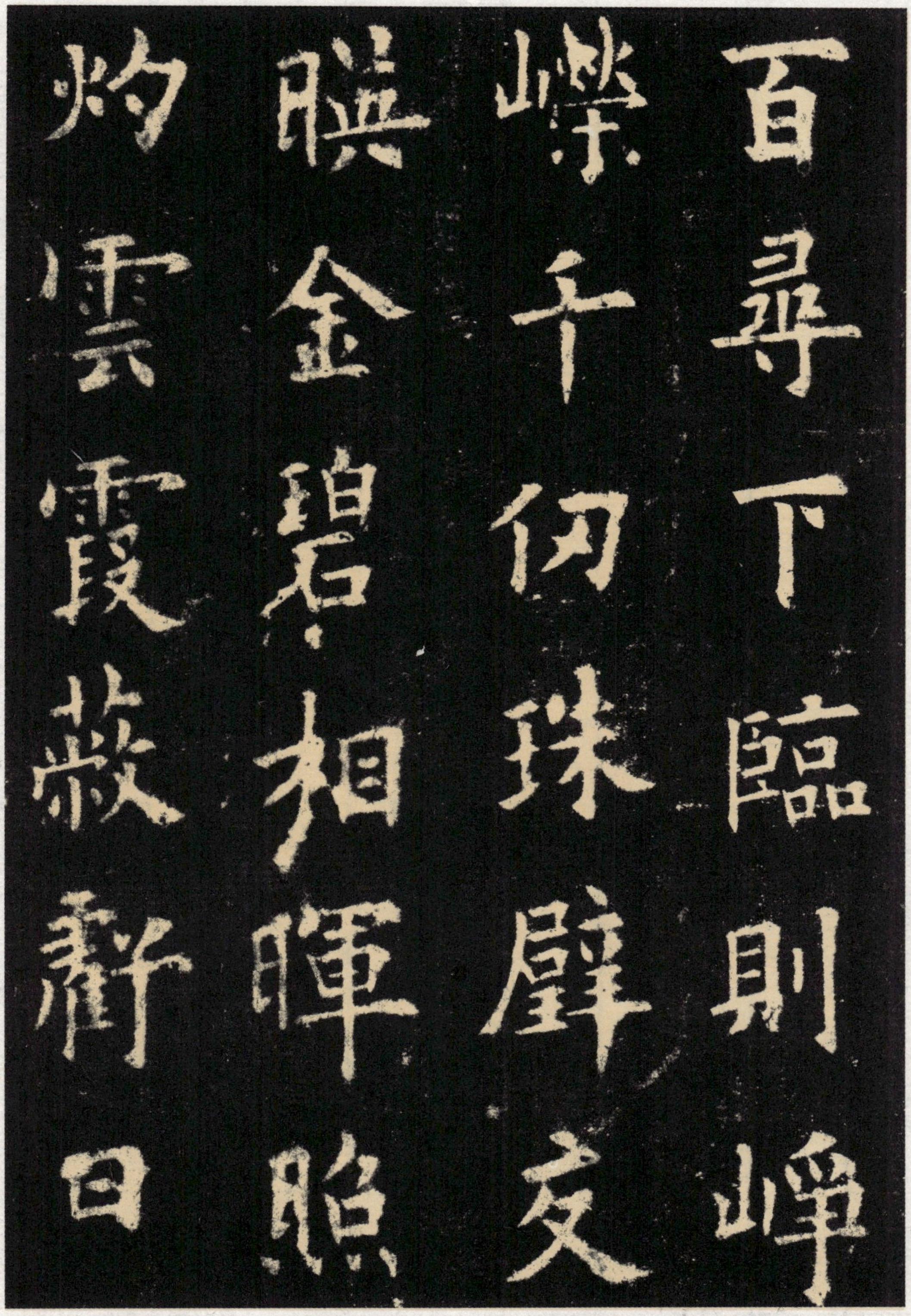

百尋，下臨則崢嶸千仞。珠璧交映，金碧相暉，照灼雲霞，蔽虧日

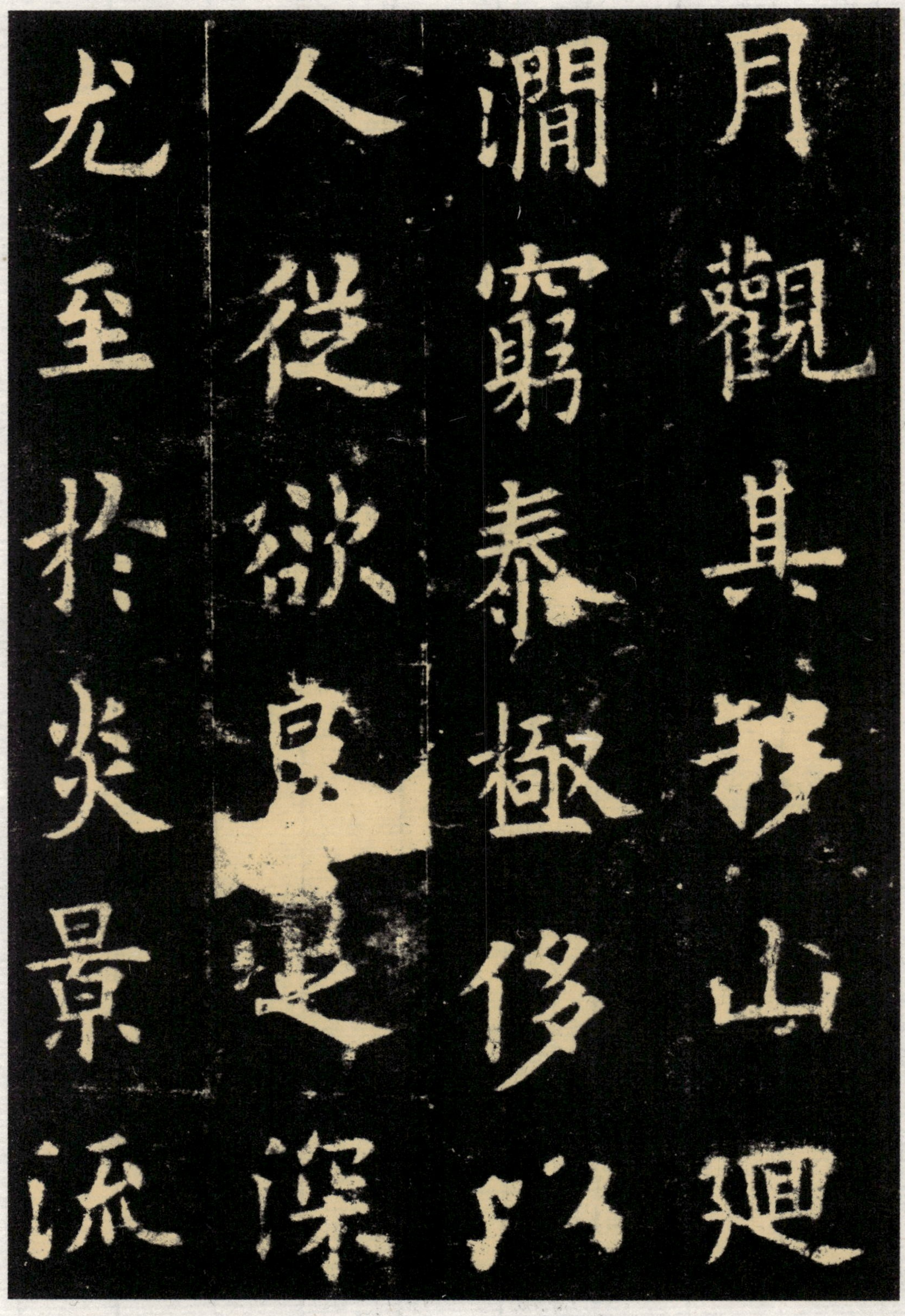

月。觀其移山迴澗，窮泰極侈，以人從欲，良足深尤。至於炎景流

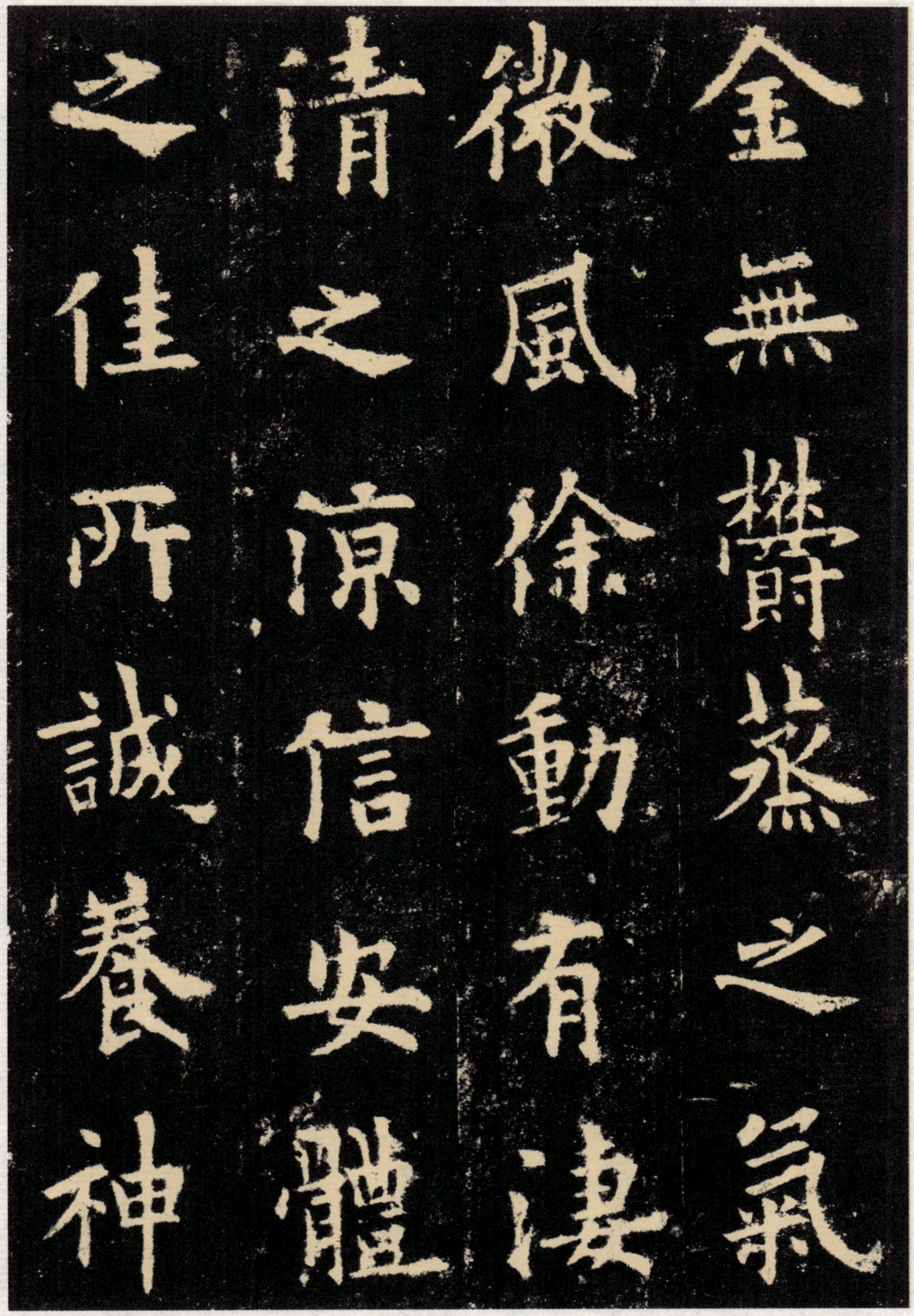
金無欝蒸之氣
微風徐動有凄
清之凉信安體
之佳所誠養神

金，無欝蒸之氣；微風徐動，有凄清之凉。信安體之佳所，誠養神

之勝地，漢之甘泉不能尚也。皇帝爰在弱冠，經營四方。逮乎

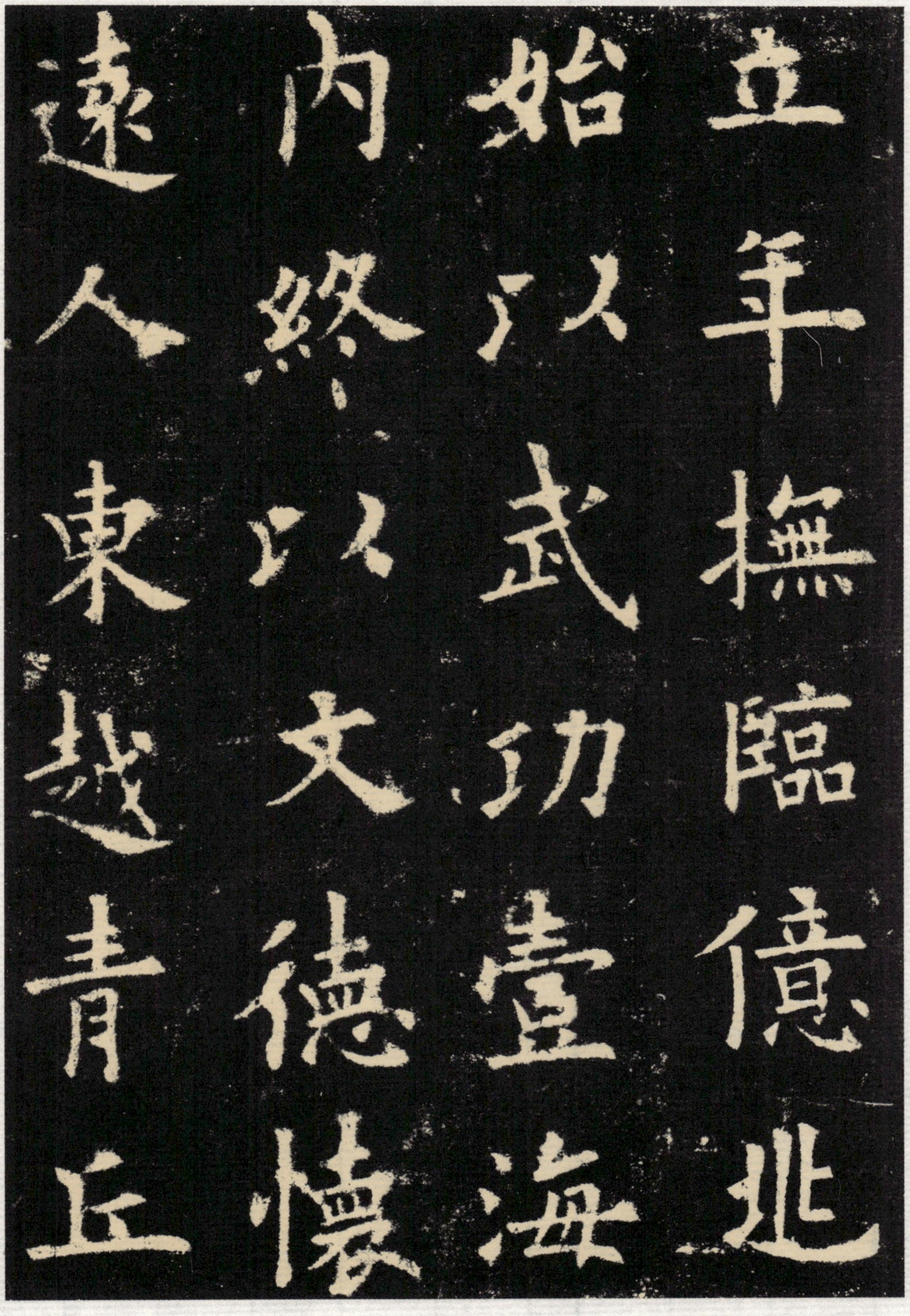

立年，撫臨億兆。始以武功壹海內，終以文德懷遠人。東越青丘，

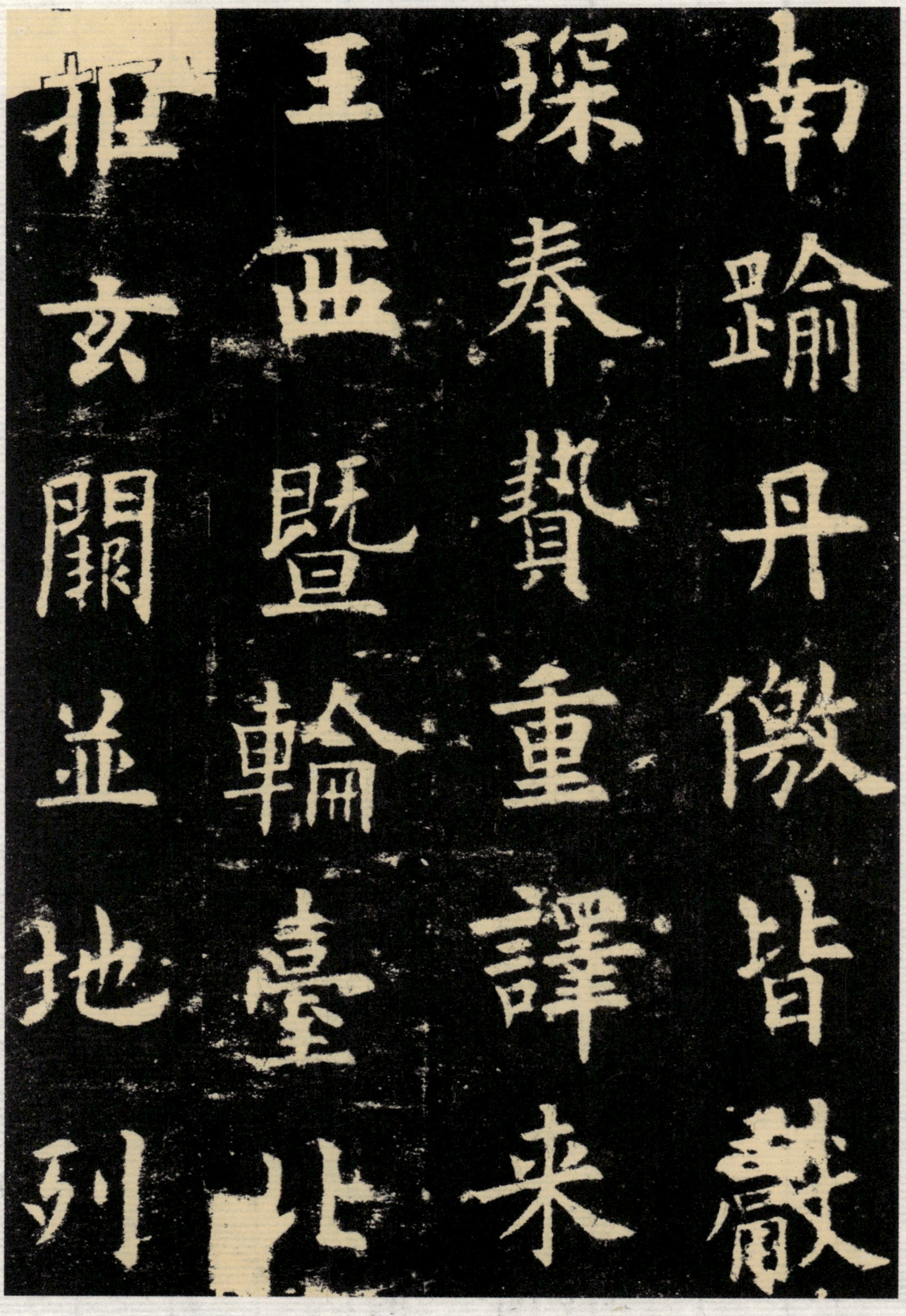

南踰丹徼，皆獻琛奉贄，重譯来王。西暨輪臺，北拒玄闕，並地列

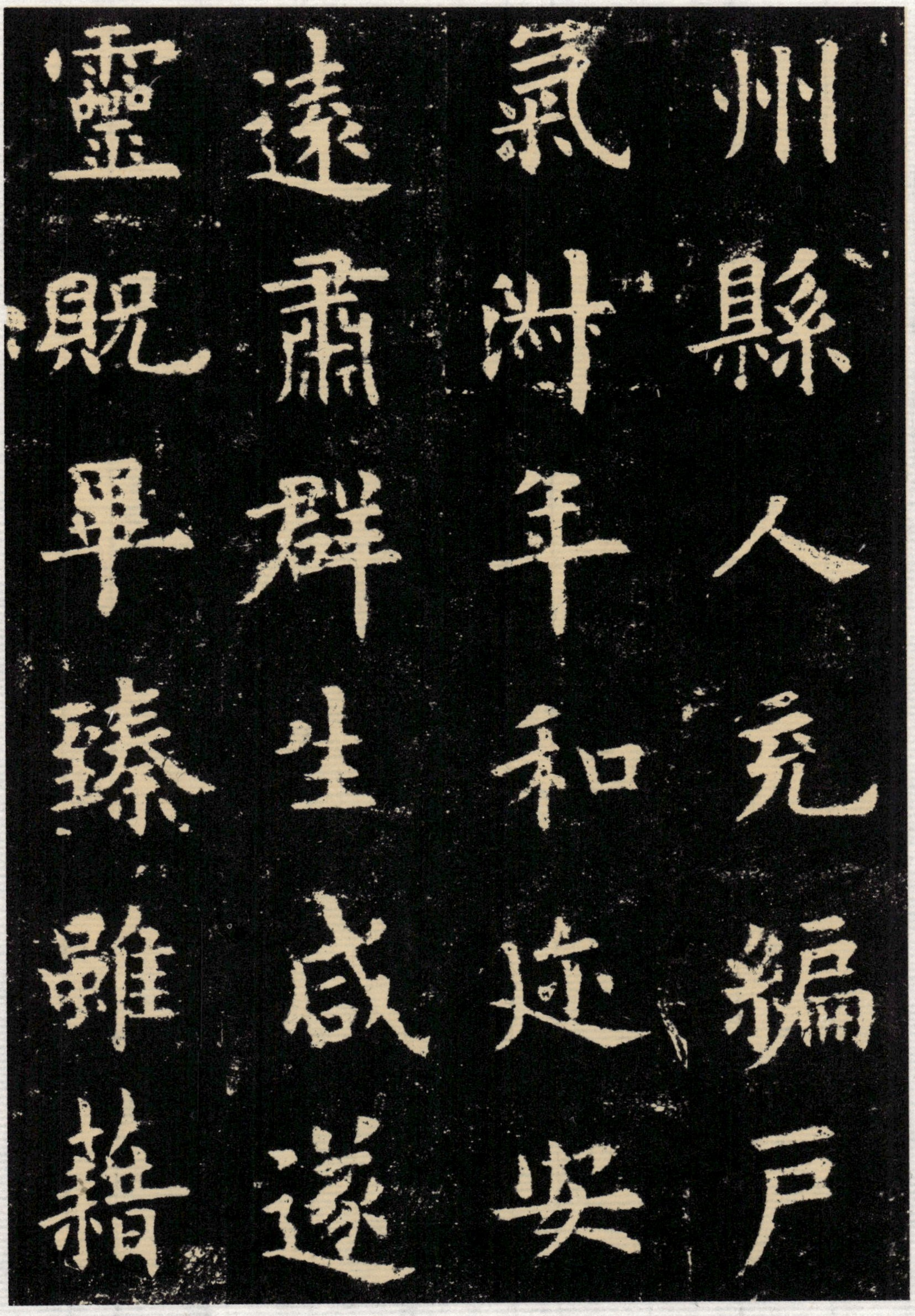

州縣，人充編户，氣淑年和，迩安遠肅，群生咸遂，靈貺畢臻。雖藉

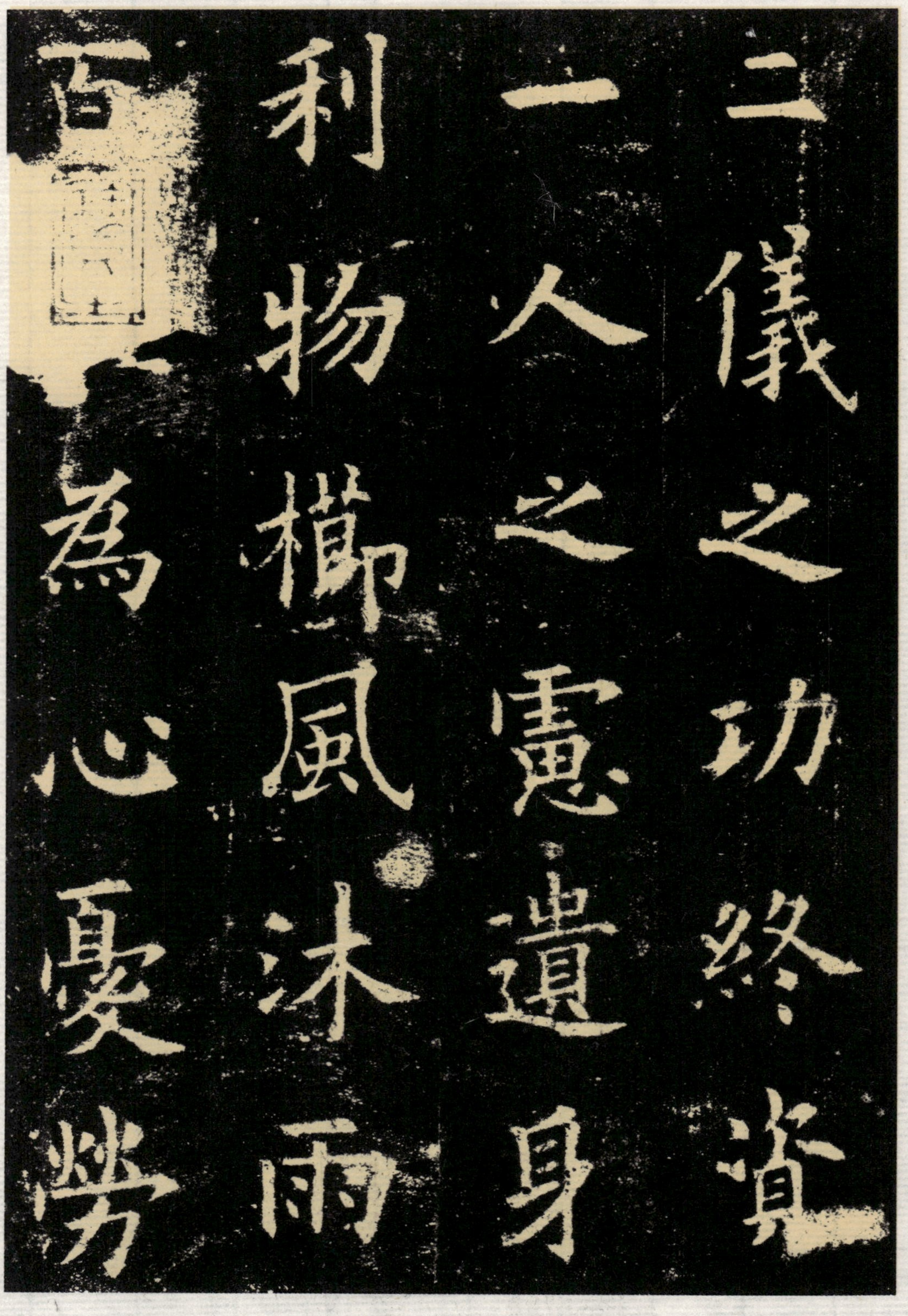

二儀之功，終資一人之慮，遺身利物，櫛風沐雨，百[姓]爲心，憂勞

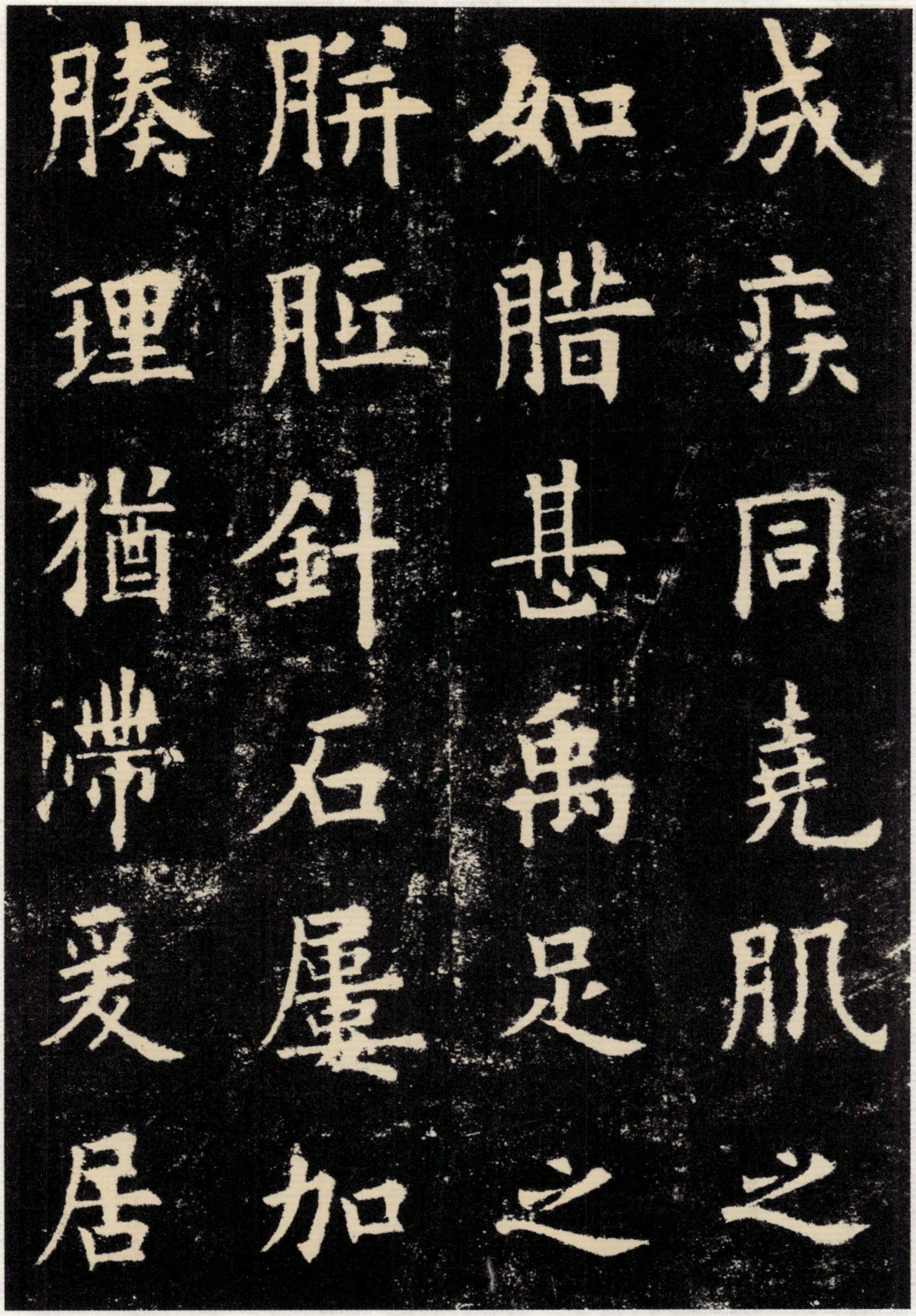

成疾。同堯肌之如腊，甚禹足之胼胝。針石屢加，腠理猶滯。爰居

京室，每弊炎暑，群下請建離宮，庶可怡神養性。聖上愛一夫之

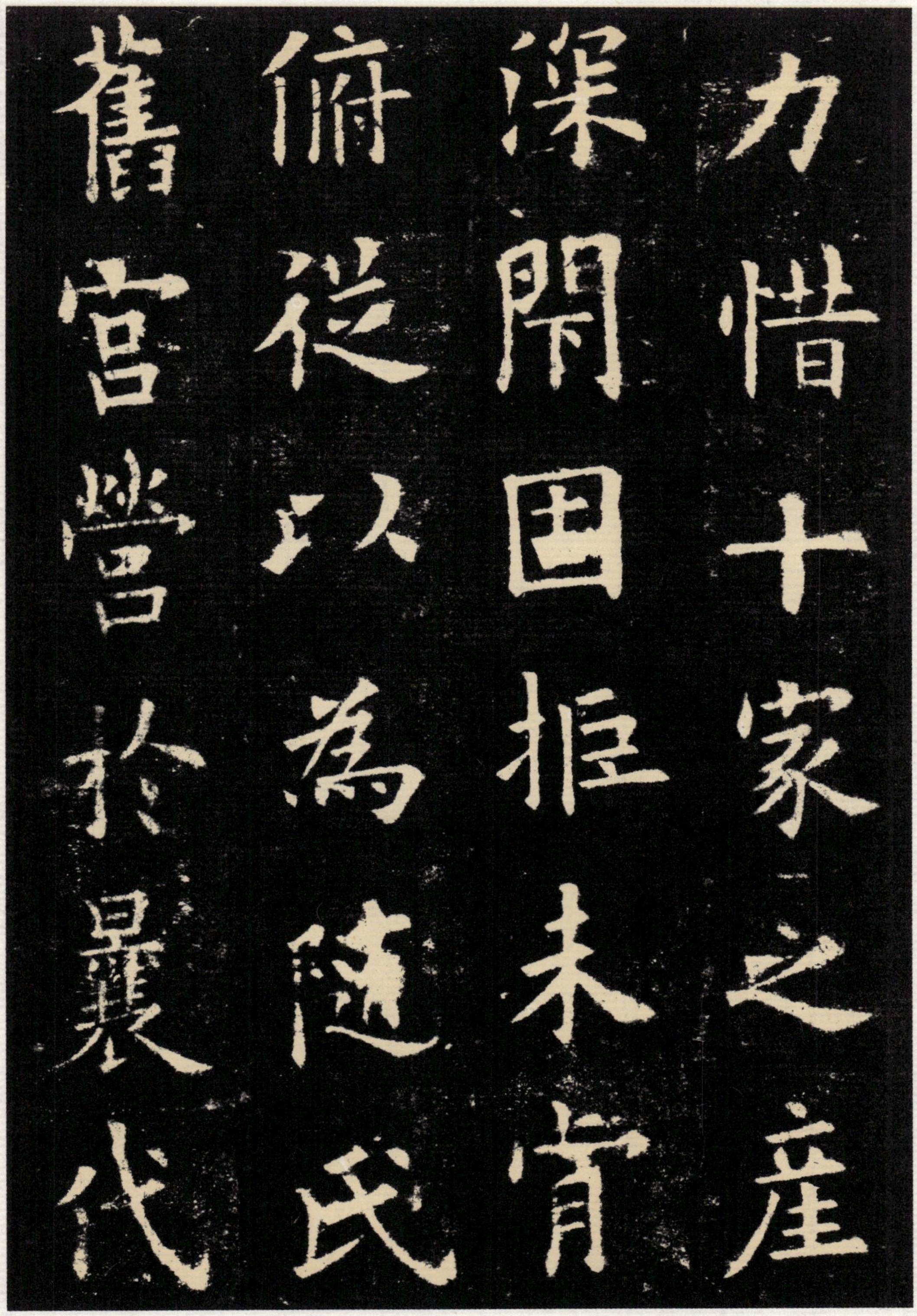
力惜十家之産
深閉固拒未肯
俯從以爲隨氏
舊宮營於曩代

力，惜十家之産，深閉固拒，未肯俯從。以爲〔随〕〔隋〕氏舊宮，營於曩代，

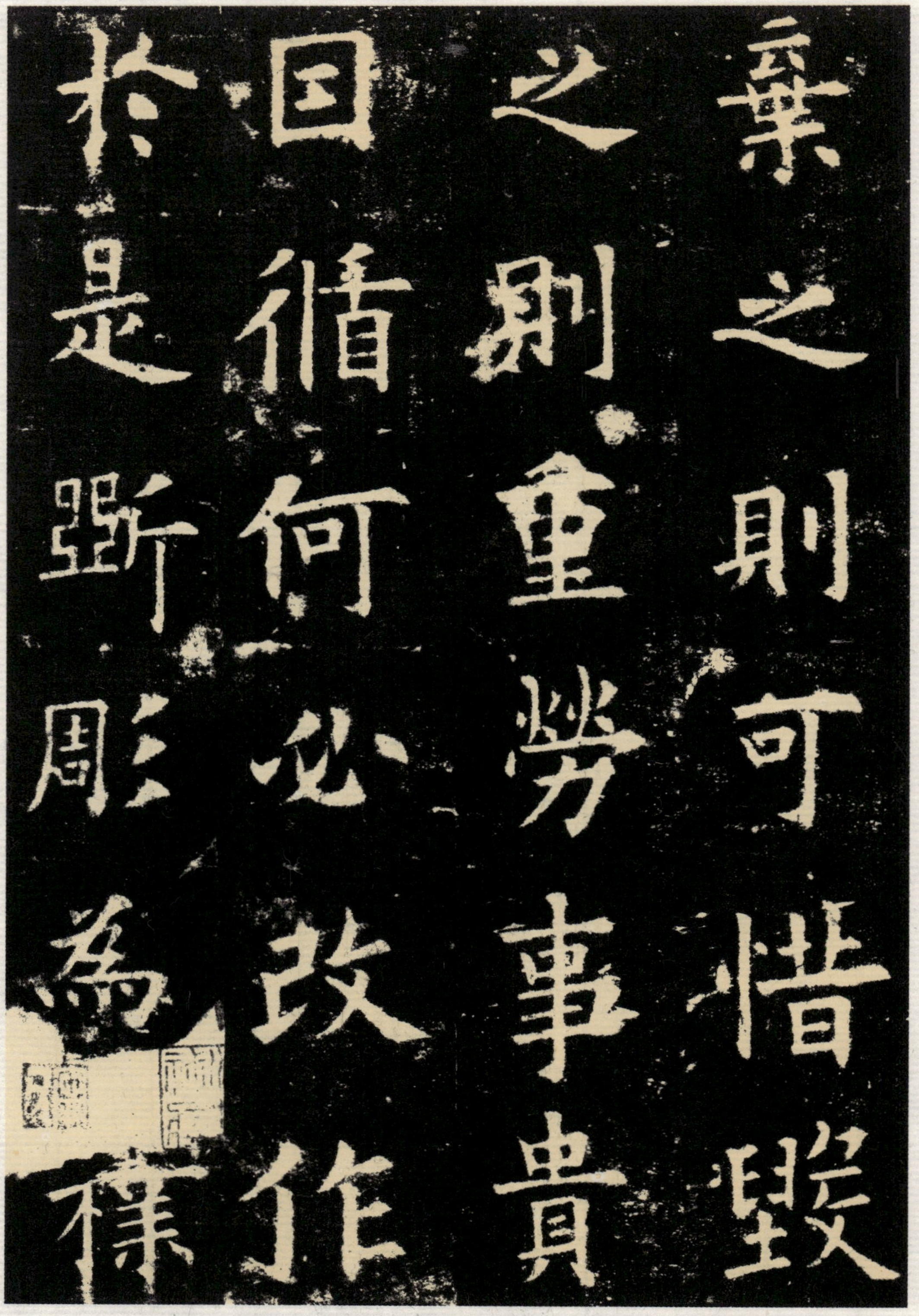

弃之則可惜，毁之則重勞，事貴因循，何必改作。於是斲彫爲樸，

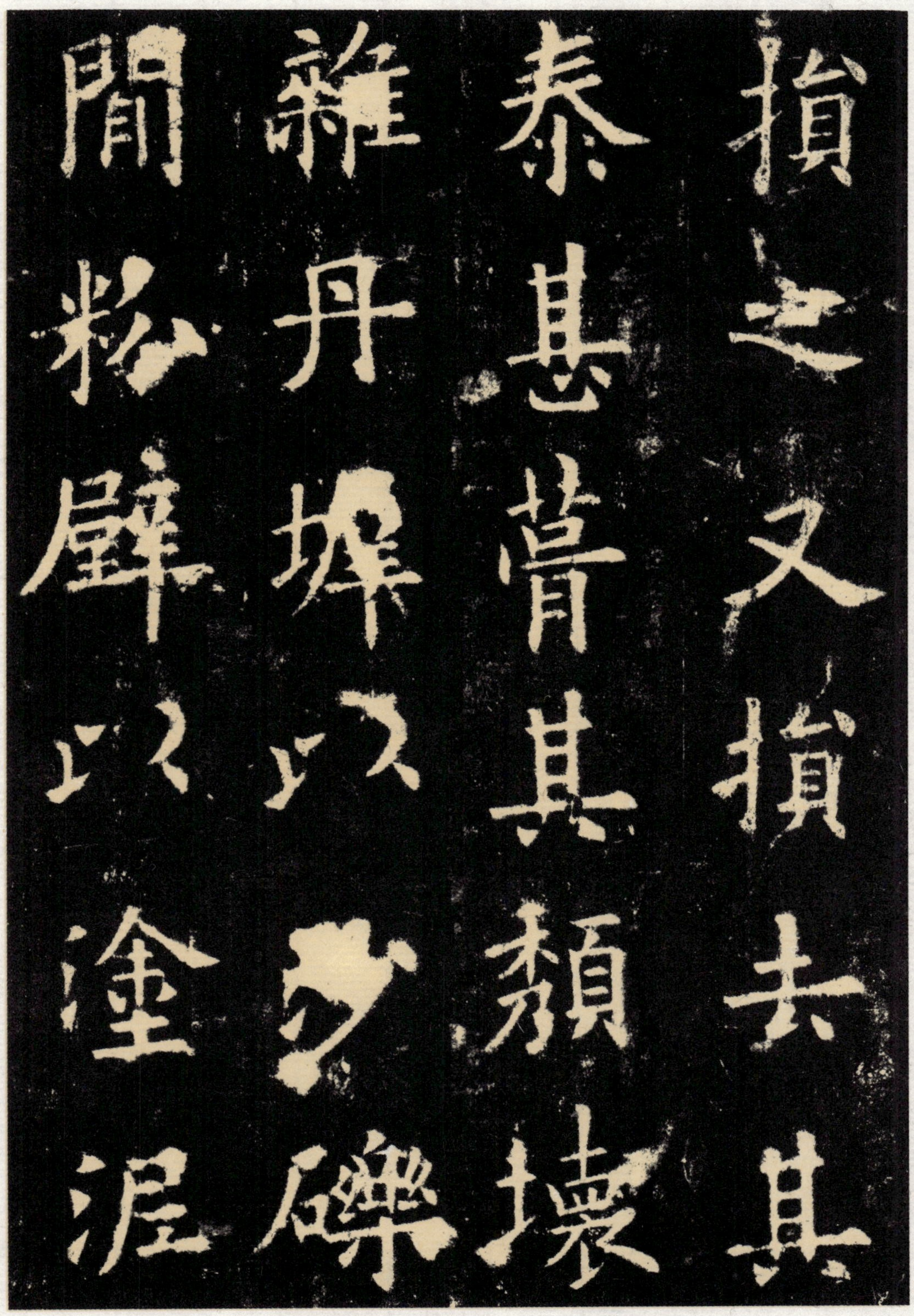

損之又損，去其泰甚，葺其頹壞，雜丹墀以沙礫，間粉壁以塗泥，

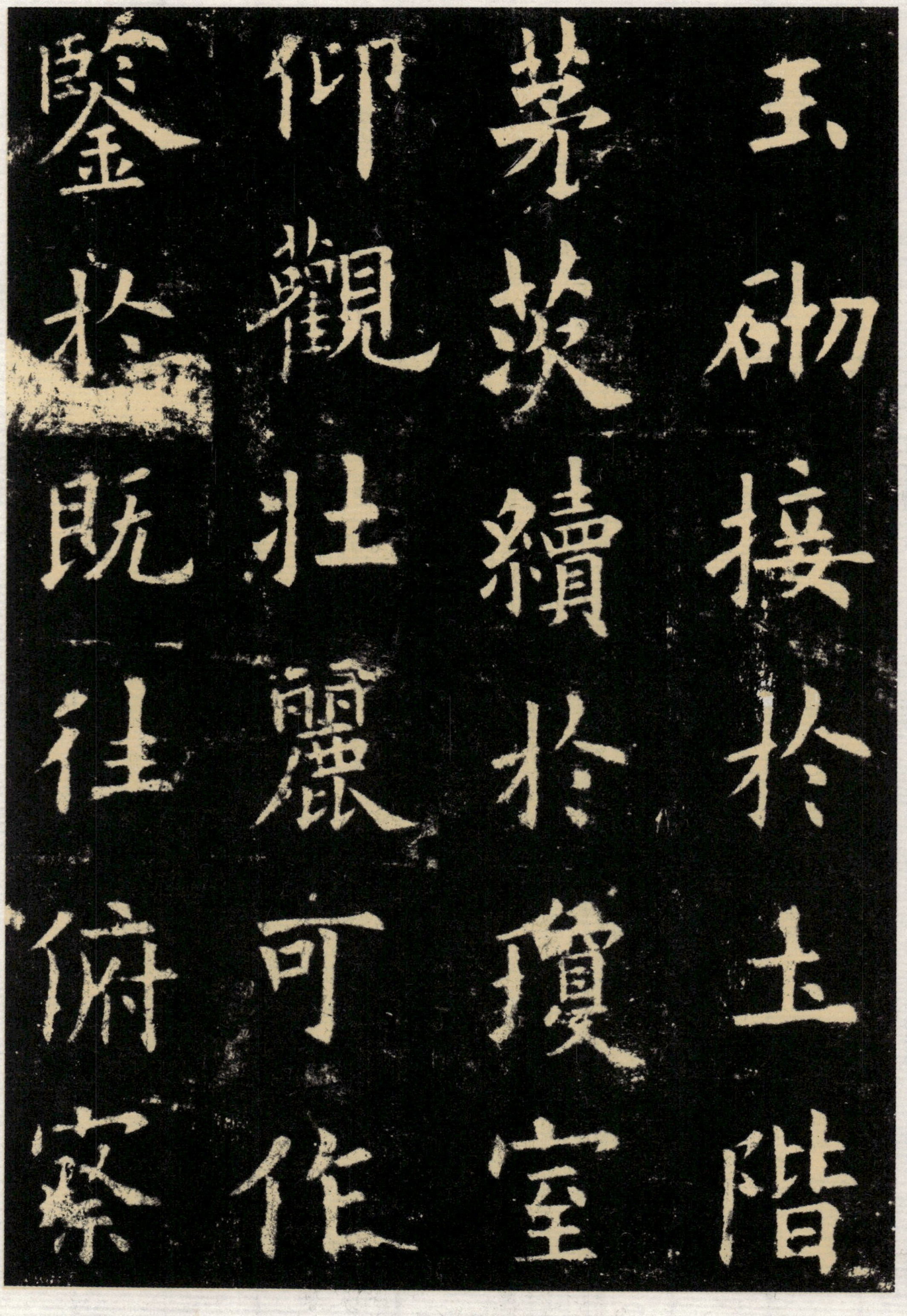

玉砌接於土階，茅茨續於瓊室。仰觀壯麗，可作鑒於既往；俯察

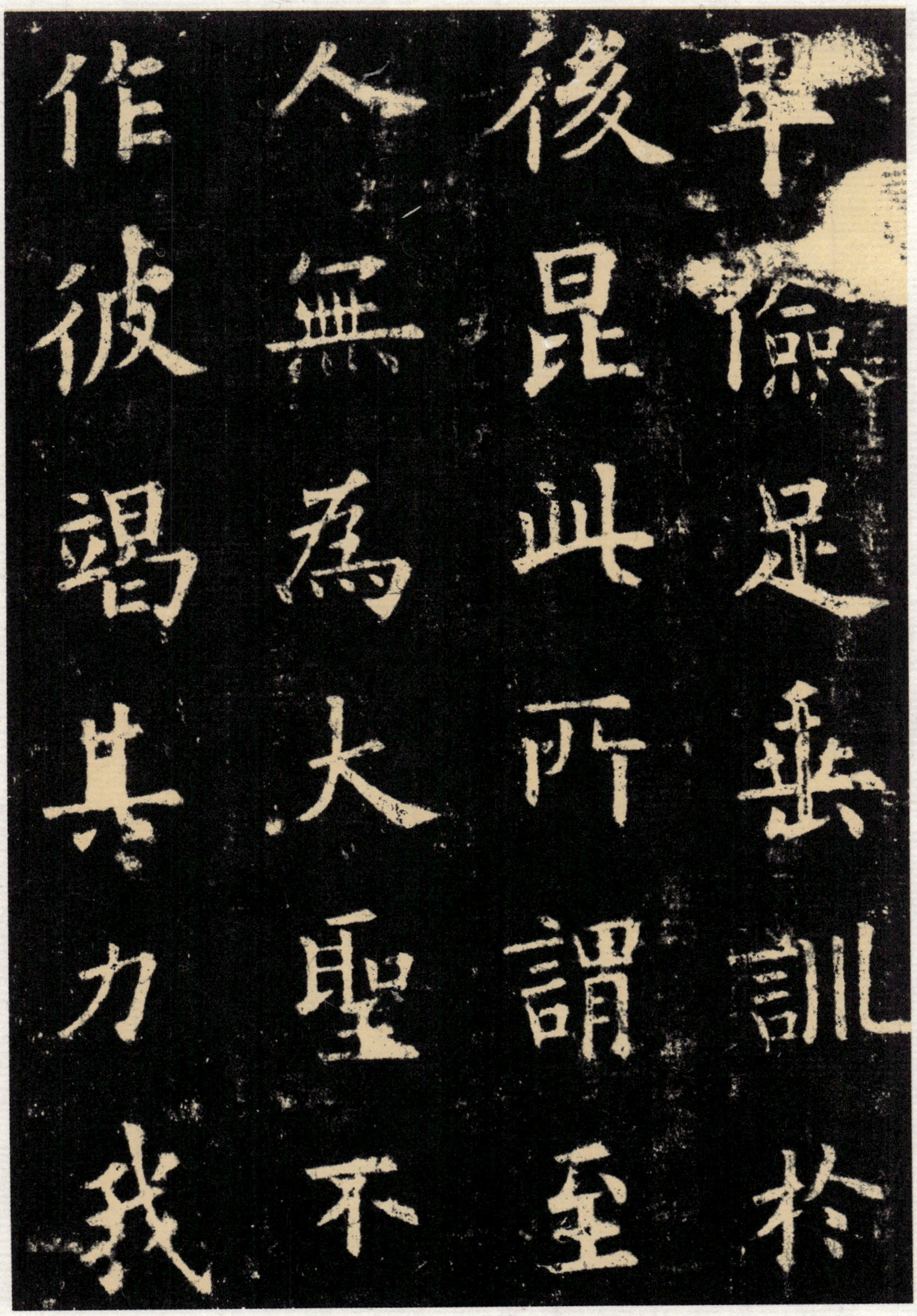

卑儉，足垂訓於後昆。此所謂『至人無爲，大聖不作，彼竭其力，我

享其功』者也。然昔之池沼，咸引谷澗，宮城之内，本乏水[源]，求而

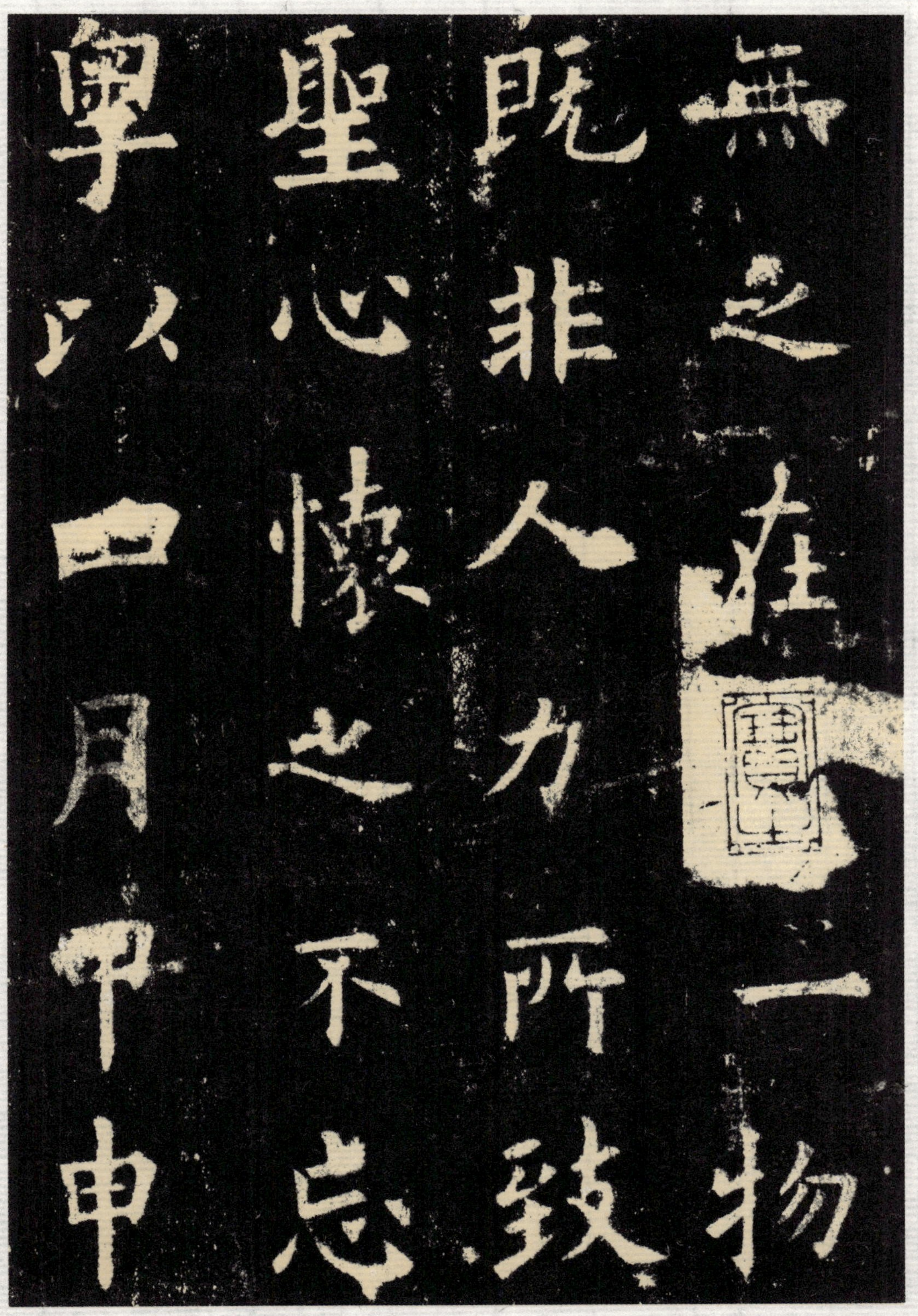

無之，在[乎]一物，既非人力所致，聖心懷之不忘。粵以四月甲申

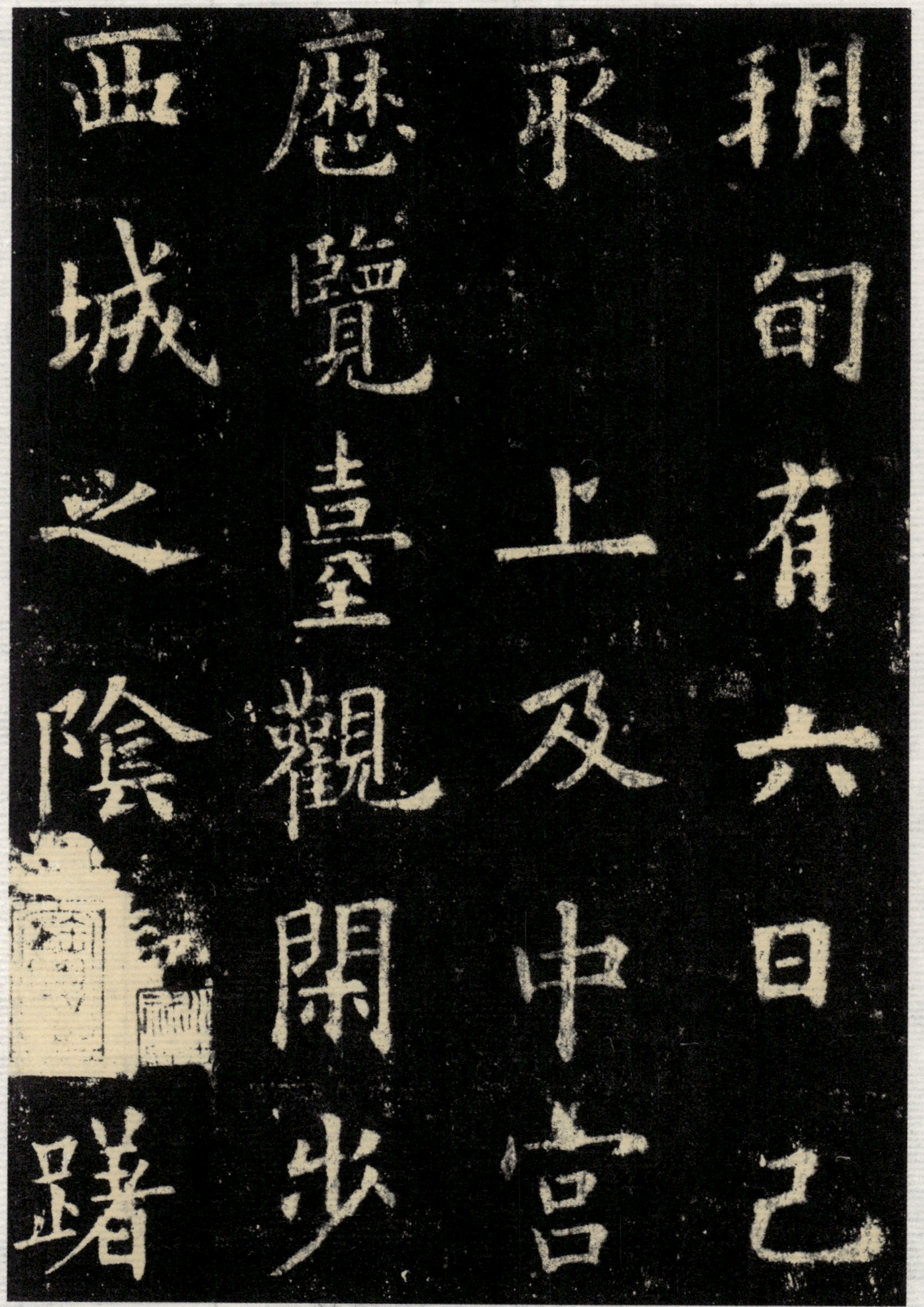

朔，旬有六日己亥，上及中宮歷覽臺觀，閑步西城之陰，躊躇

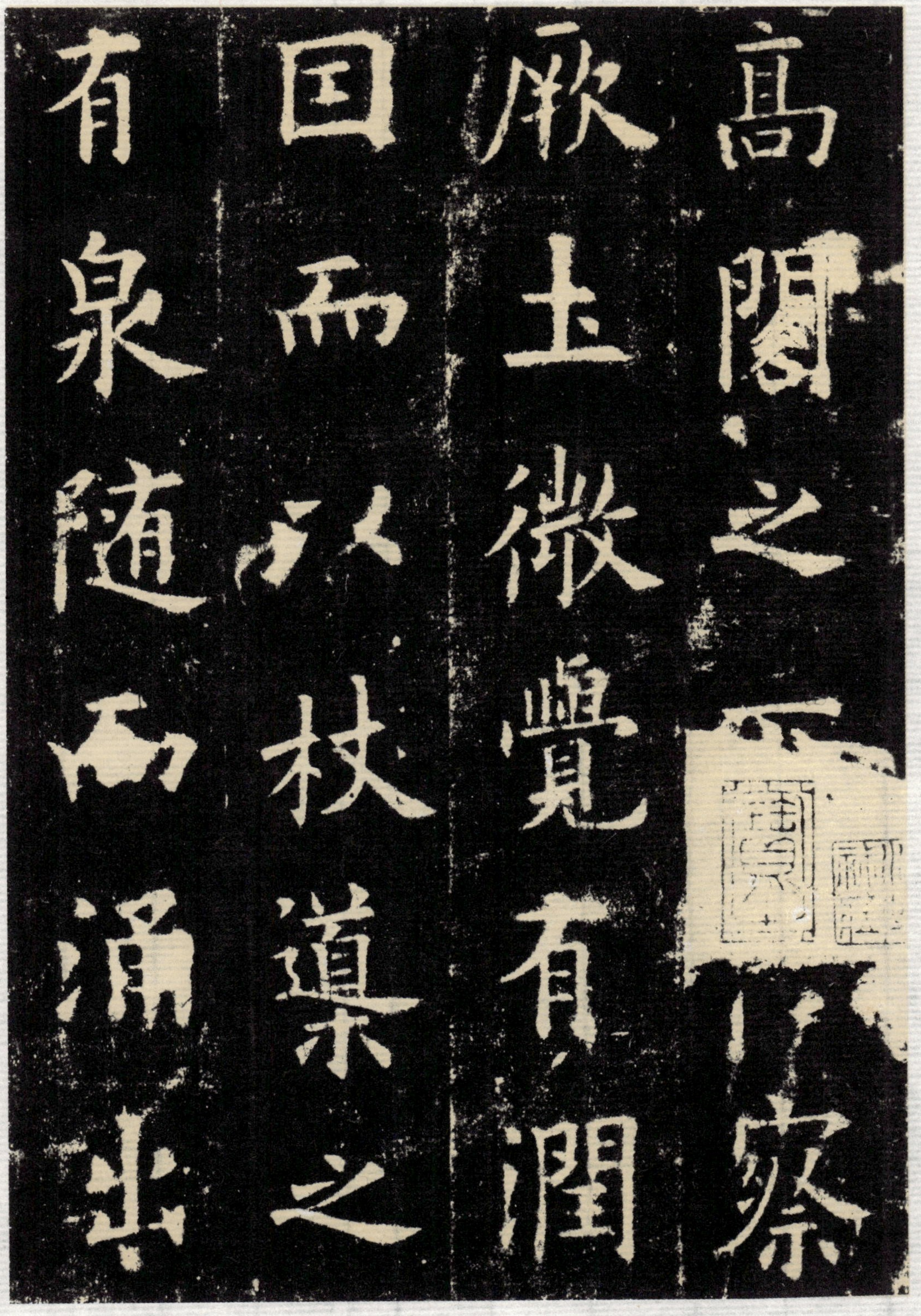

高閣之下。俯察厥土，微覺有潤，因而以杖導之，有泉隨而涌出。

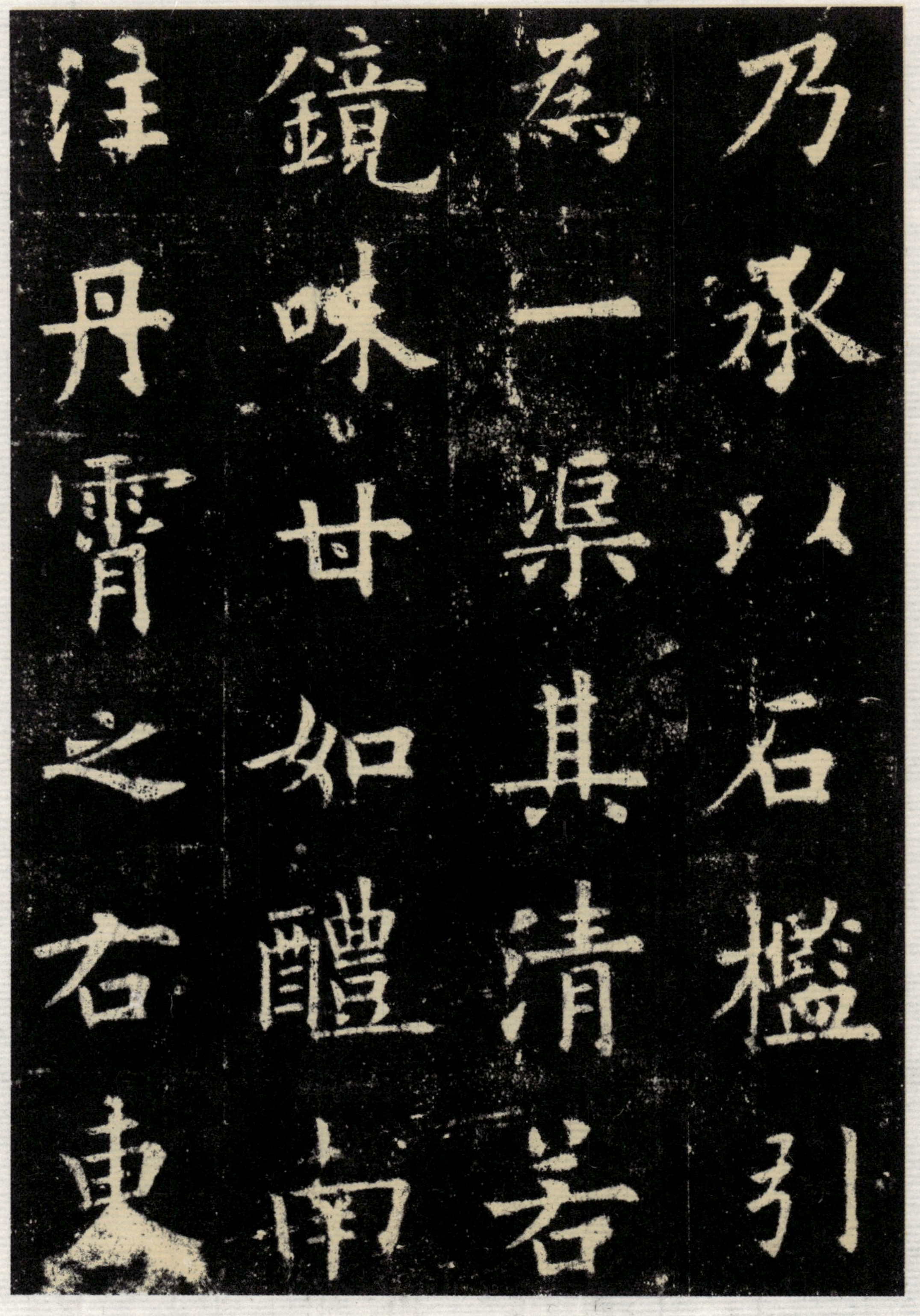

乃承以石檻，引爲一渠，其清若鏡，味甘如醴。南注丹霄之右，東

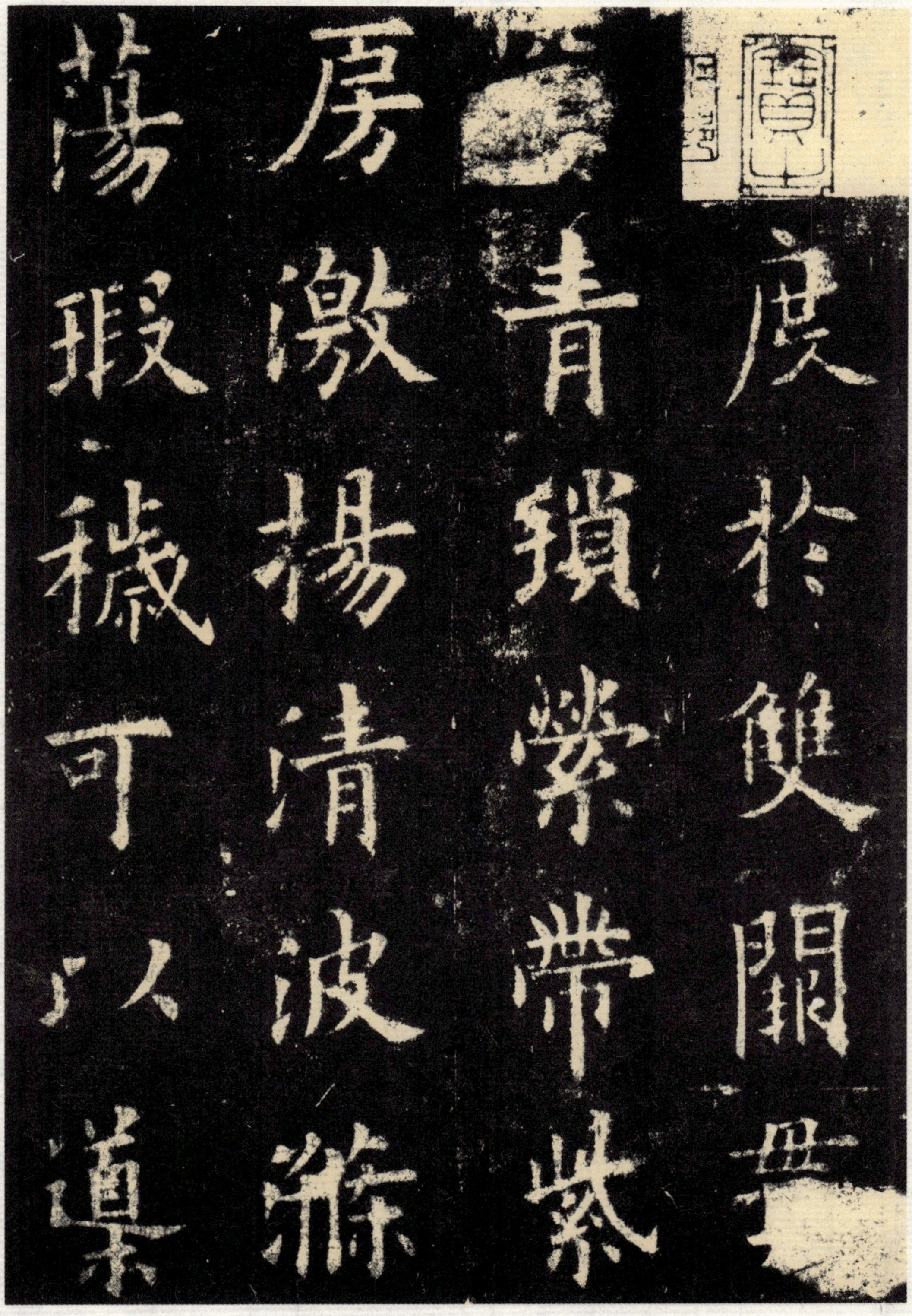

流度於雙闕，貫穿青瑣，縈帶紫房。激揚清波，滌蕩瑕穢。可以導

養正性，可以澂瑩心神。鑒映群形，潤生萬物，同湛恩之不竭，將

玄澤之常流。匪唯乾象之精，盖亦坤靈之寶。謹案《禮緯》云：『王者

刑殺當罪，賞錫當功，得禮之宜，則醴泉出於闕庭』。《鶡冠子》曰：『聖

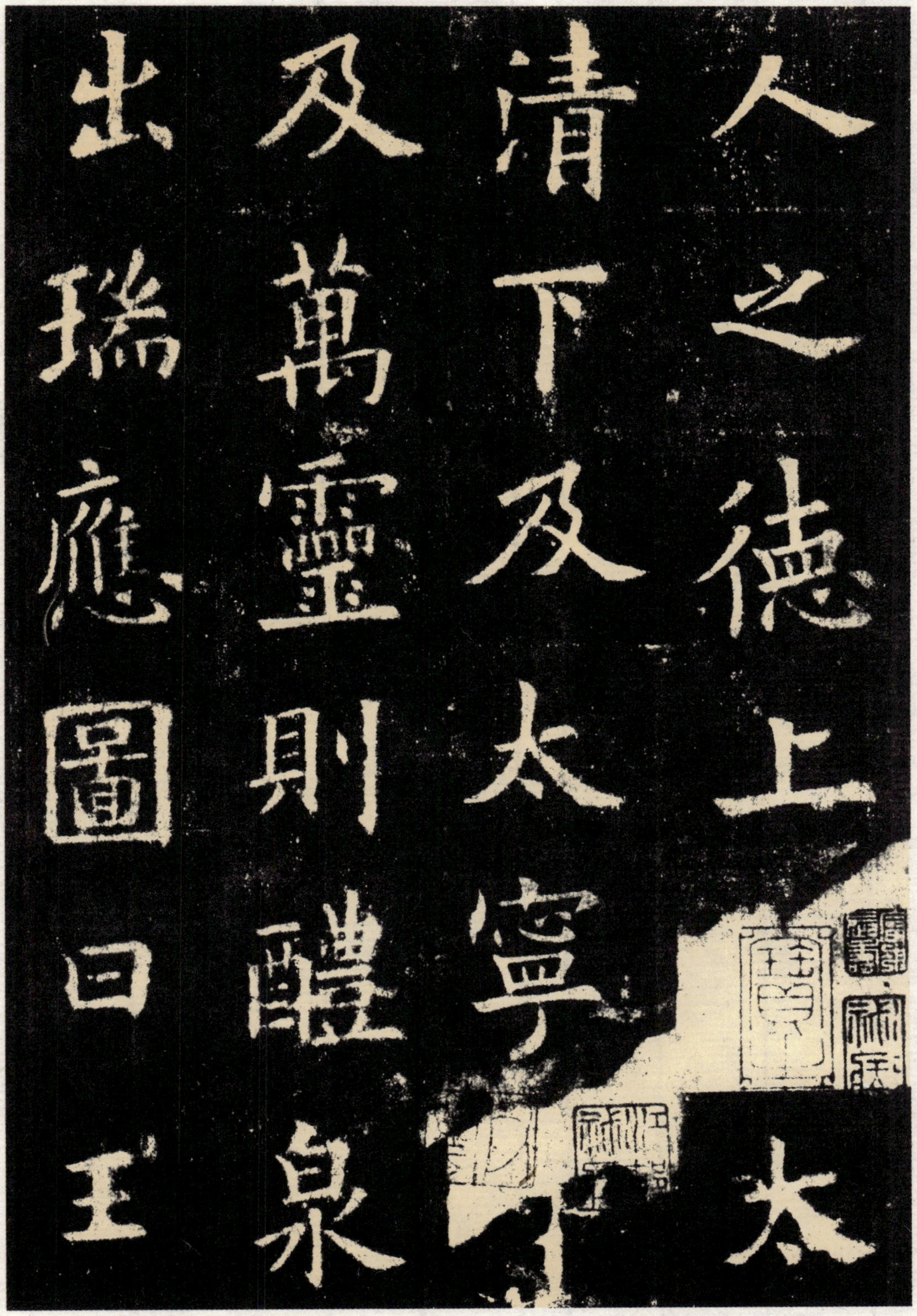

人之德，上及太清，下及太寧，中及萬靈，則醴泉出。』《瑞應圖》曰：『王

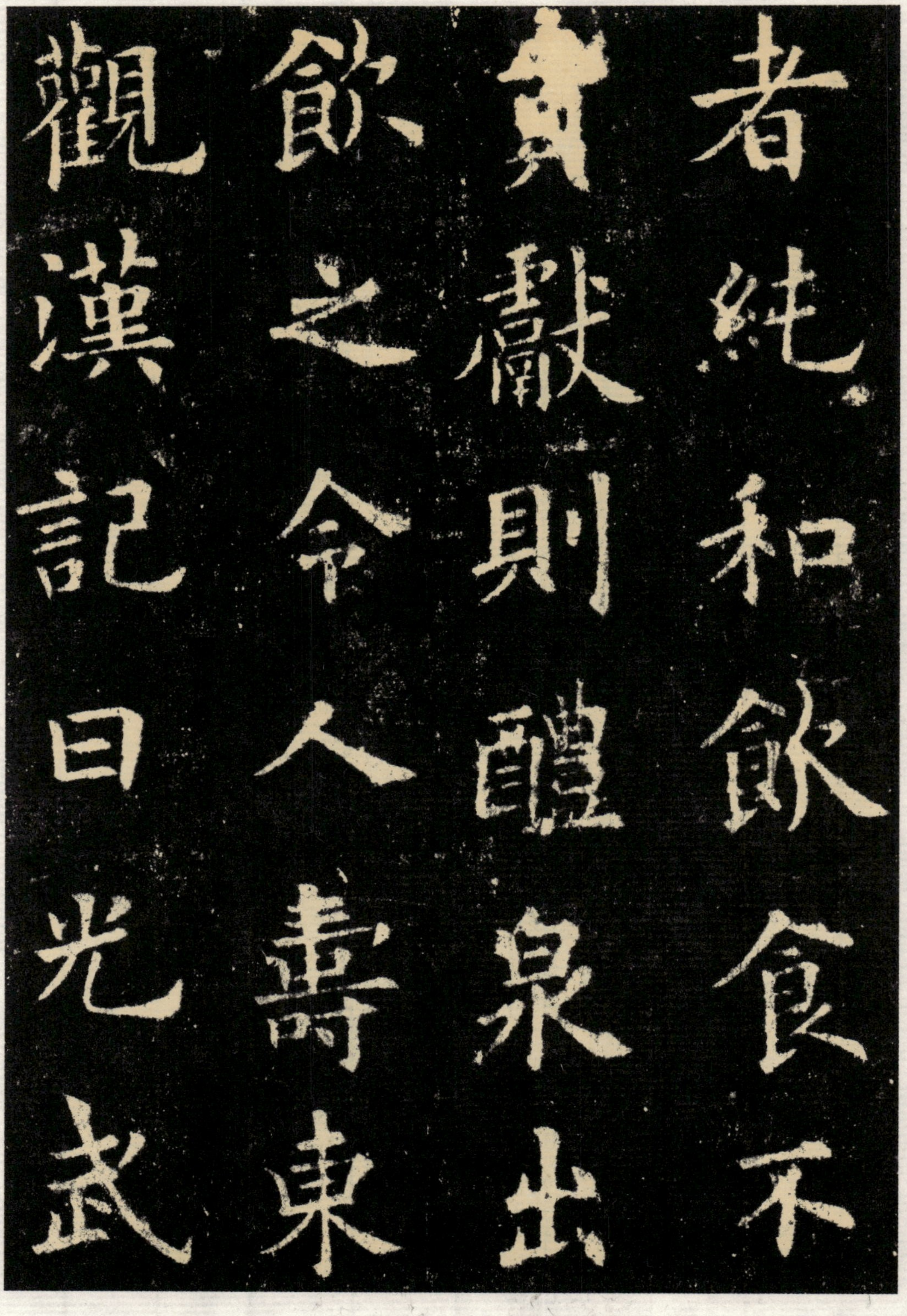

者純和，飲食不貢獻，則醴泉出，飲之令人壽。』《東觀漢記》曰：『光武

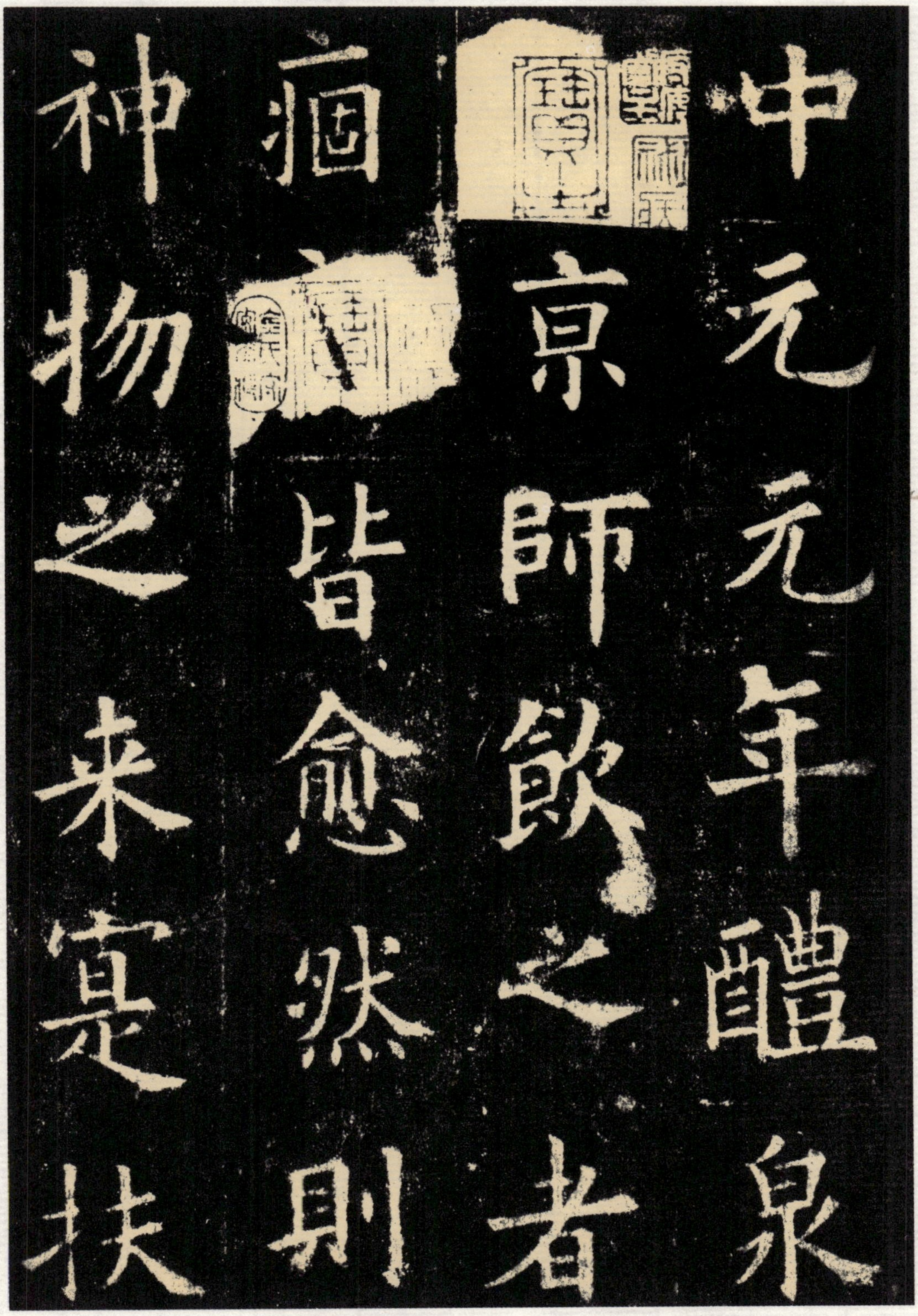

中元元年，醴泉出京師，飲之者，痼疾皆愈。』然則神物之來，寔扶

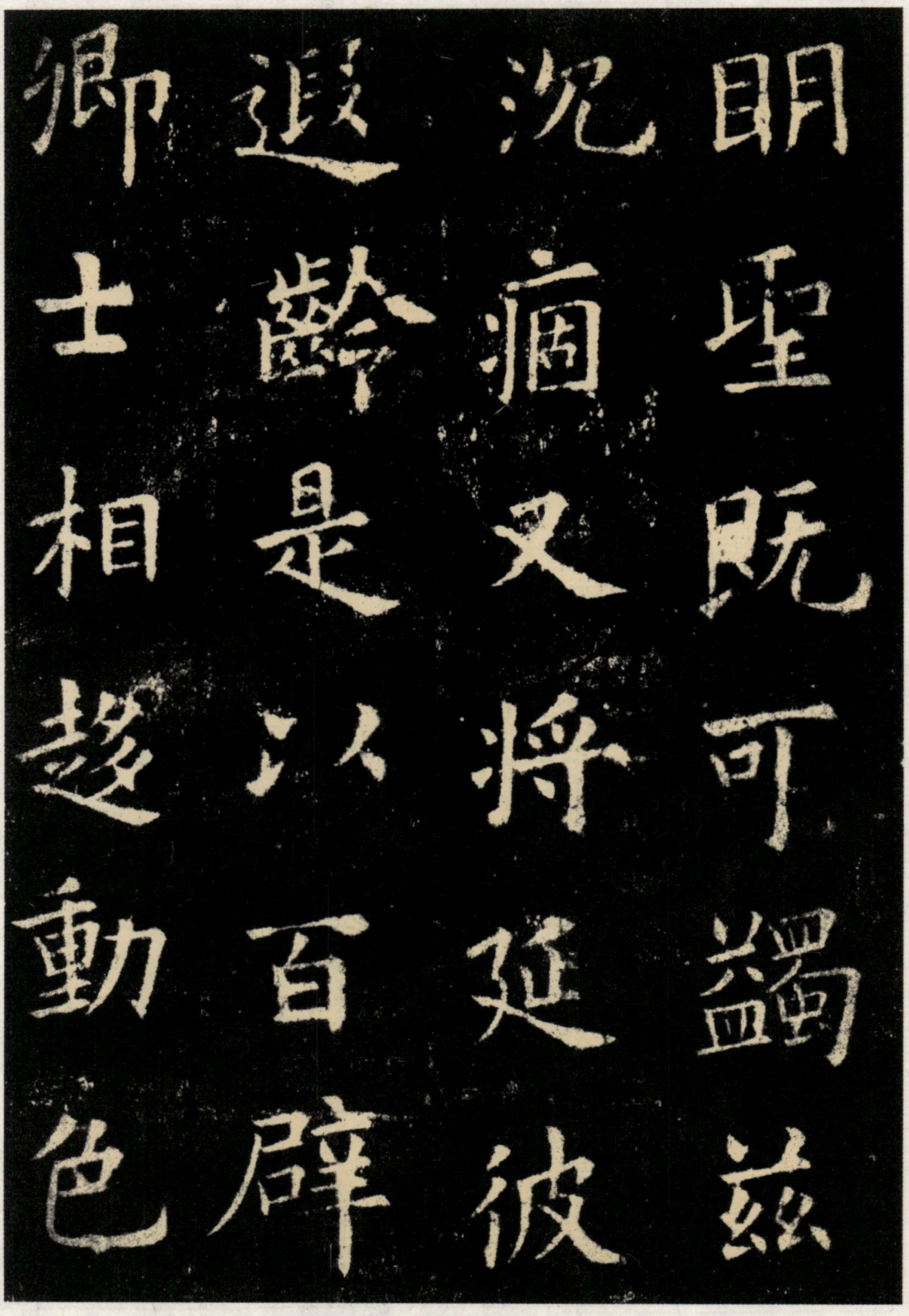

明聖，既可蠲兹沉痼，又將延彼遐齡。是以百辟卿士，相趨動色。

我后固懷撝挹，推而弗有。雖休勿休，不徒聞於往昔；以祥爲懼，

實取驗於當今。斯乃上帝玄符，天子令德，豈臣之末學所

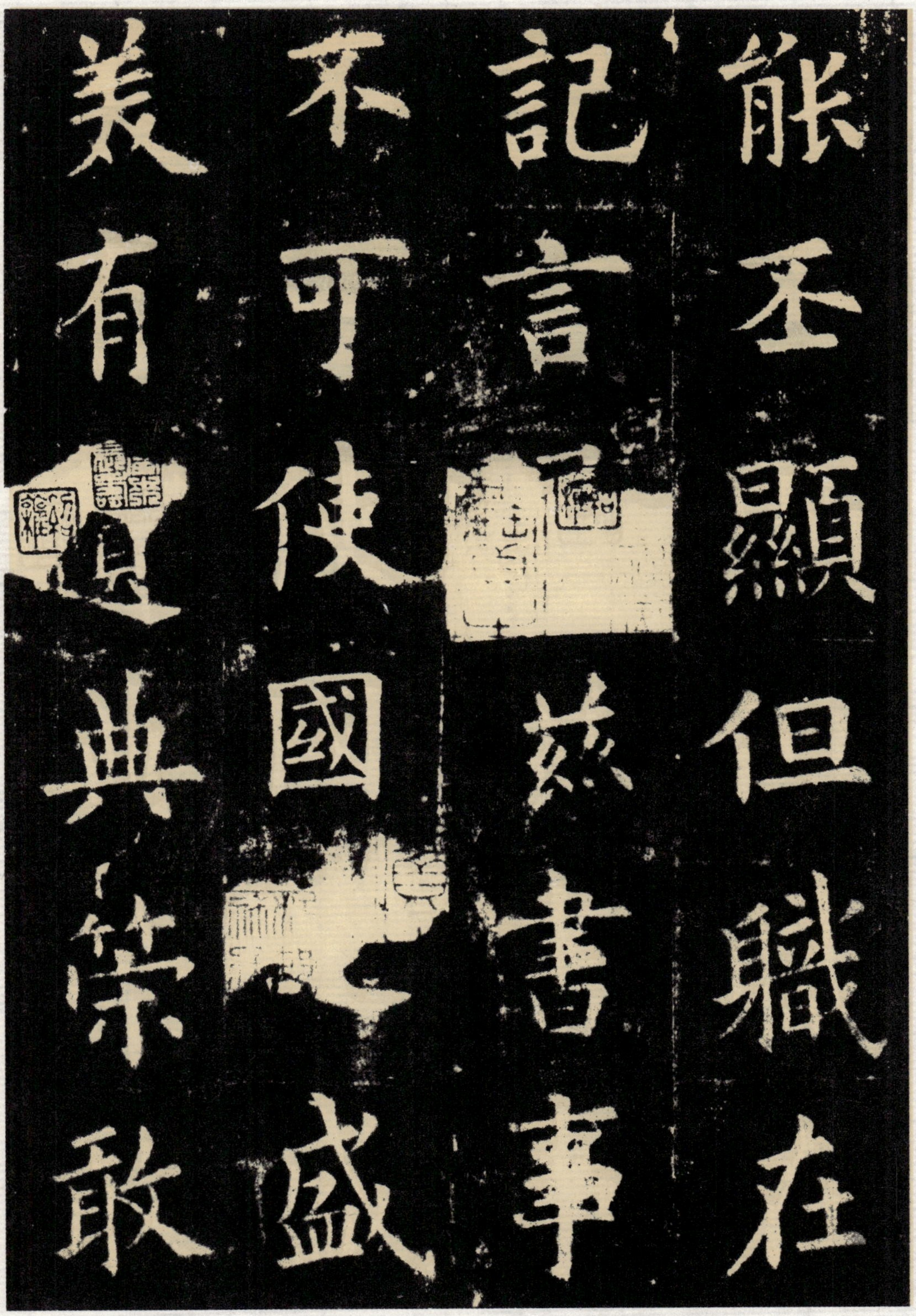

能丕顯？但職在記言，屬茲書事，不可使國之盛美，有遺典策。敢

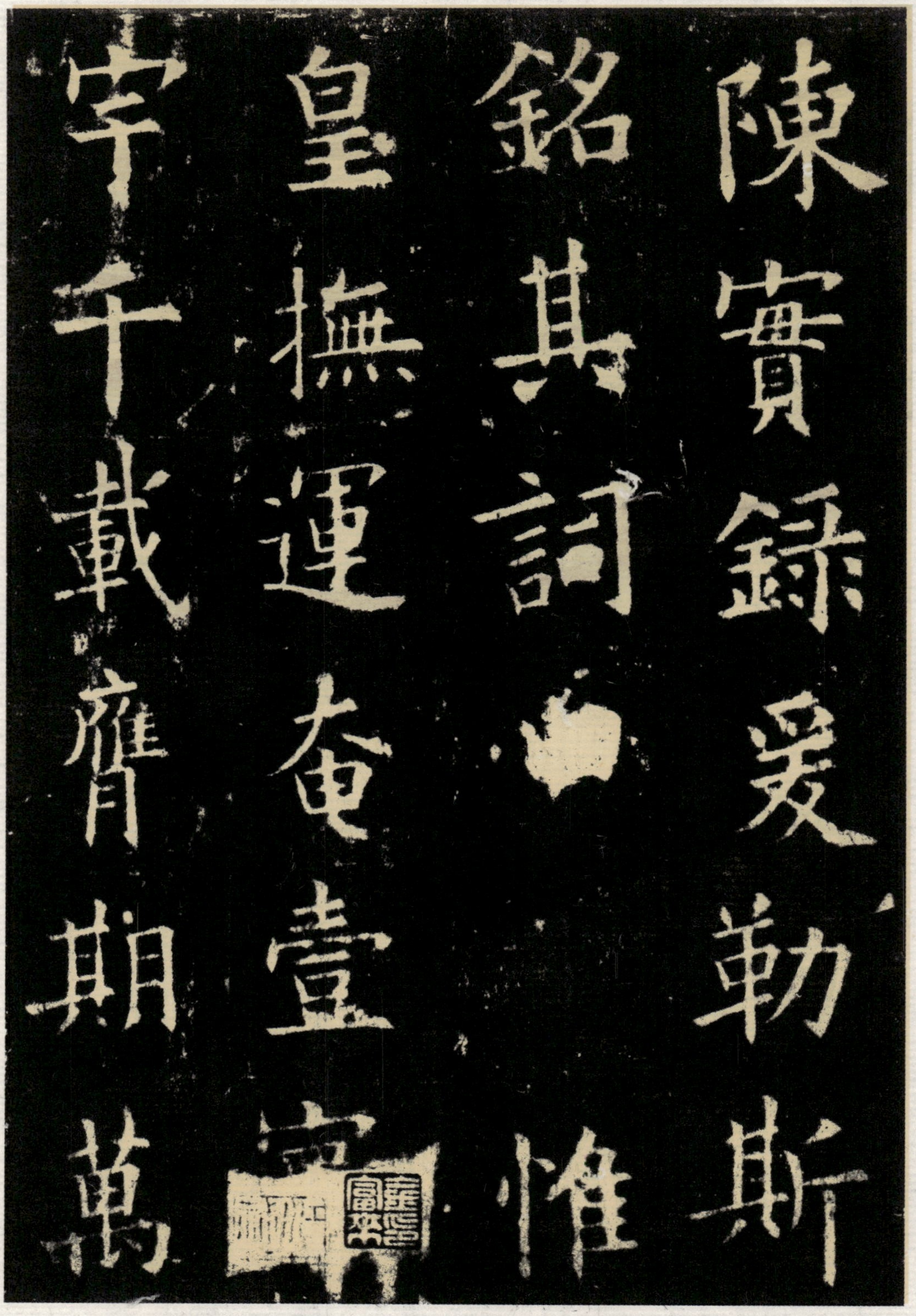

陳實録，爰勒斯銘。其詞曰：惟皇撫運，奄壹寰宇，千載膺期，萬

物斯覩。功高大舜，勤深伯禹，絶後承前，登三邁五。握機蹈矩，乃

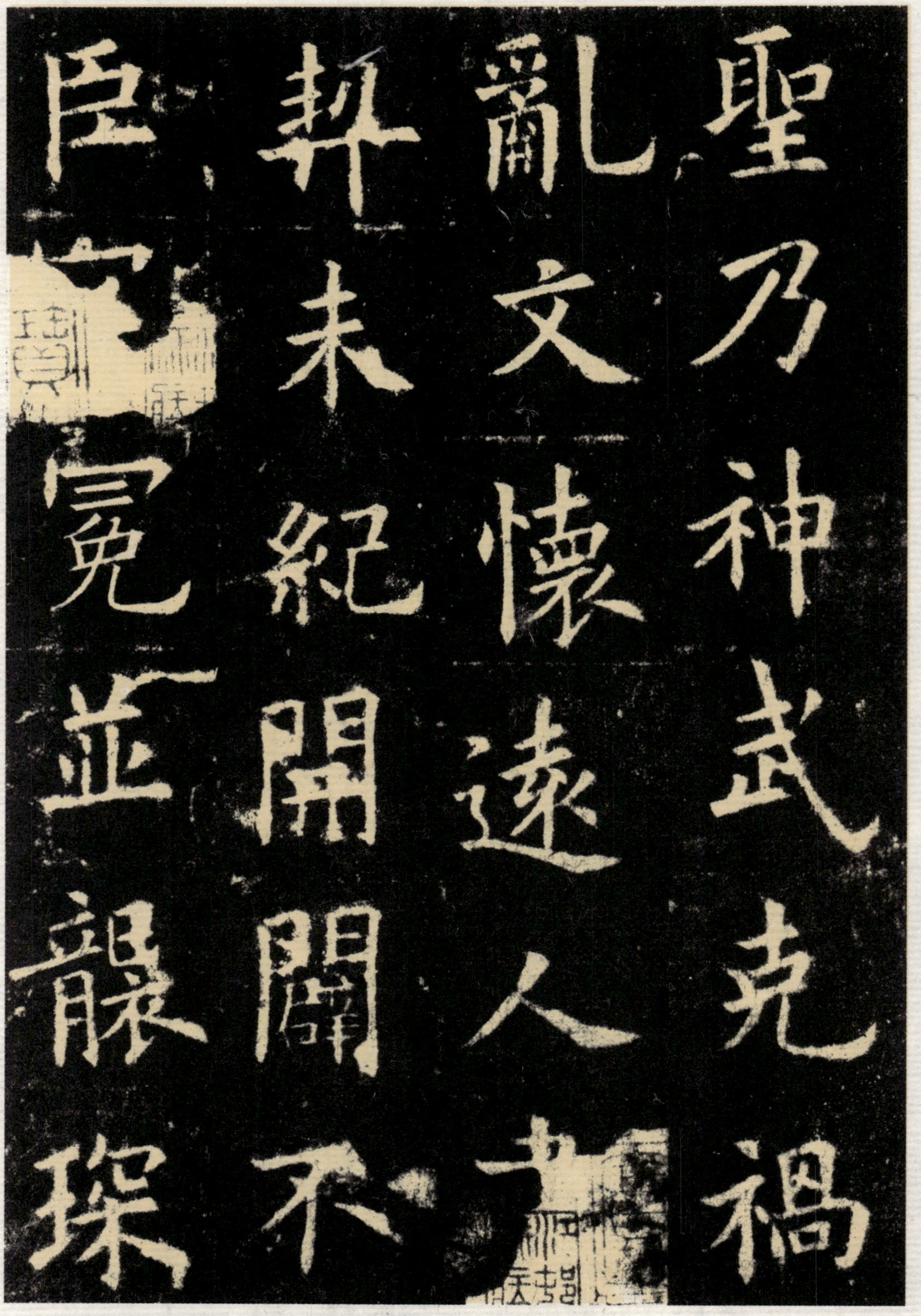

聖乃神，武克禍亂，文懷遠人。[書]契未紀，開闢不臣。[冠]冕並襲，琛

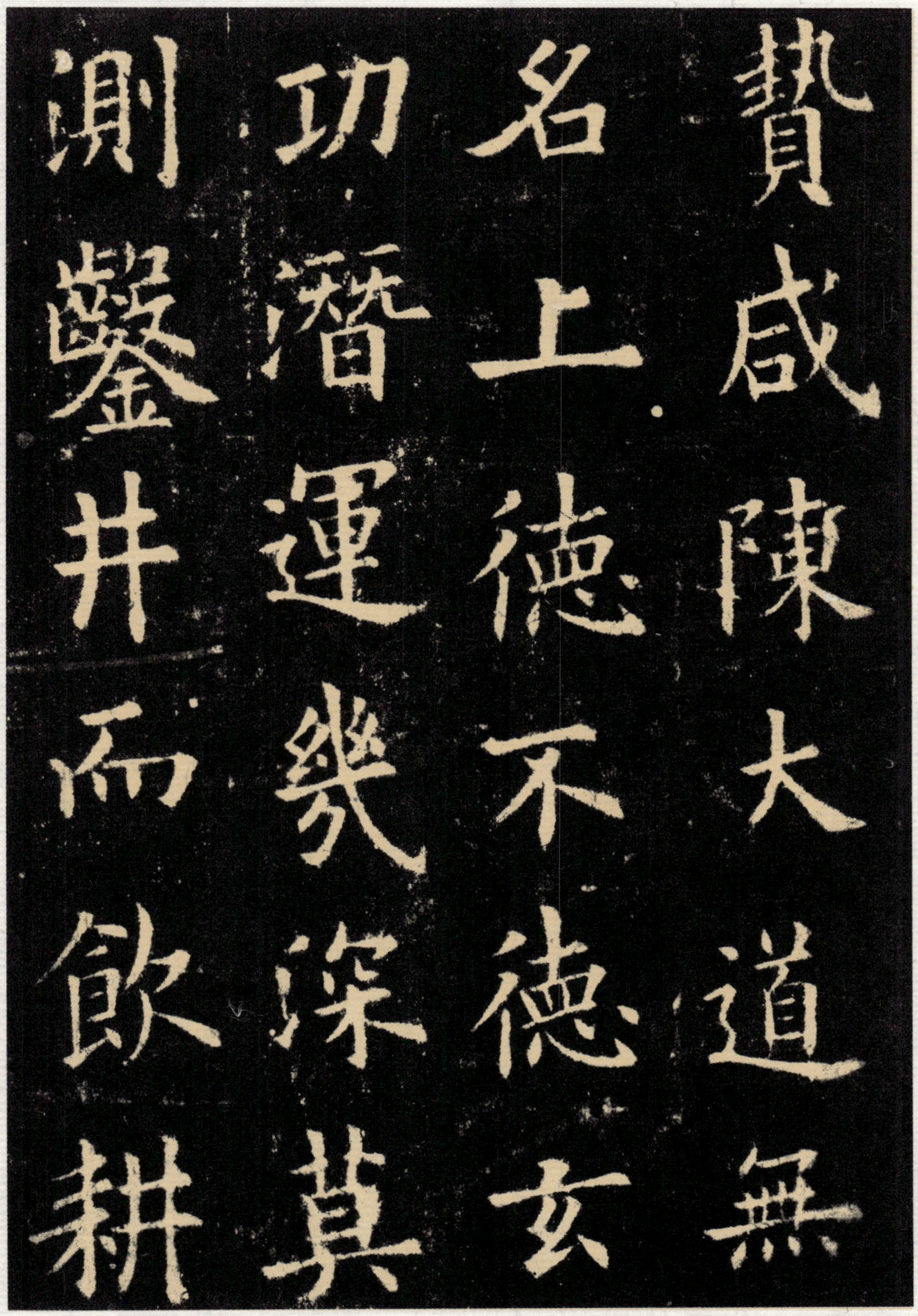

贊咸陳。大道無名，上德不德，玄功潛運，幾深莫測。鑿井而飲，耕

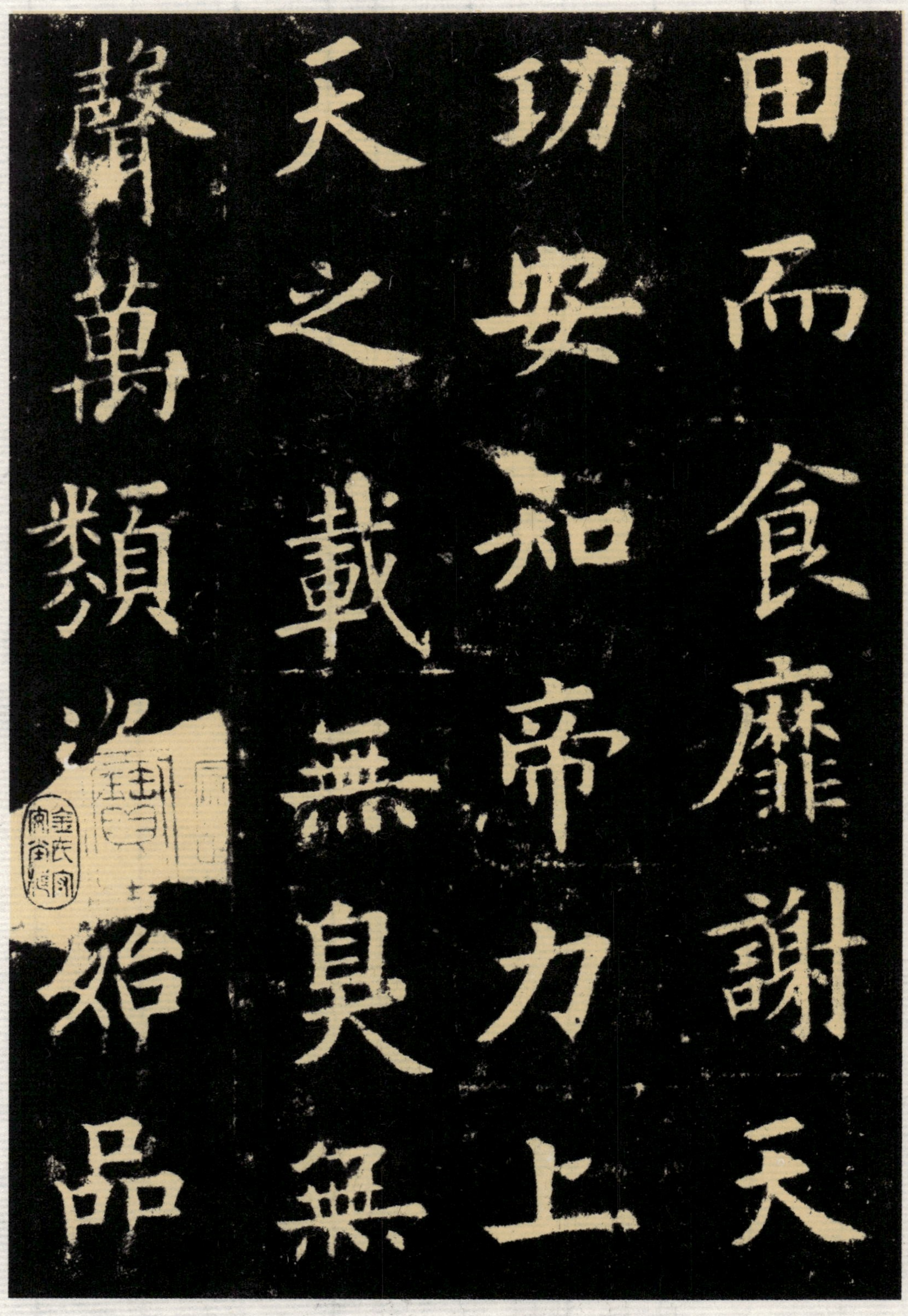

田而食，靡謝天功，安知帝力。上天之載，無臭無聲。萬類資始，品

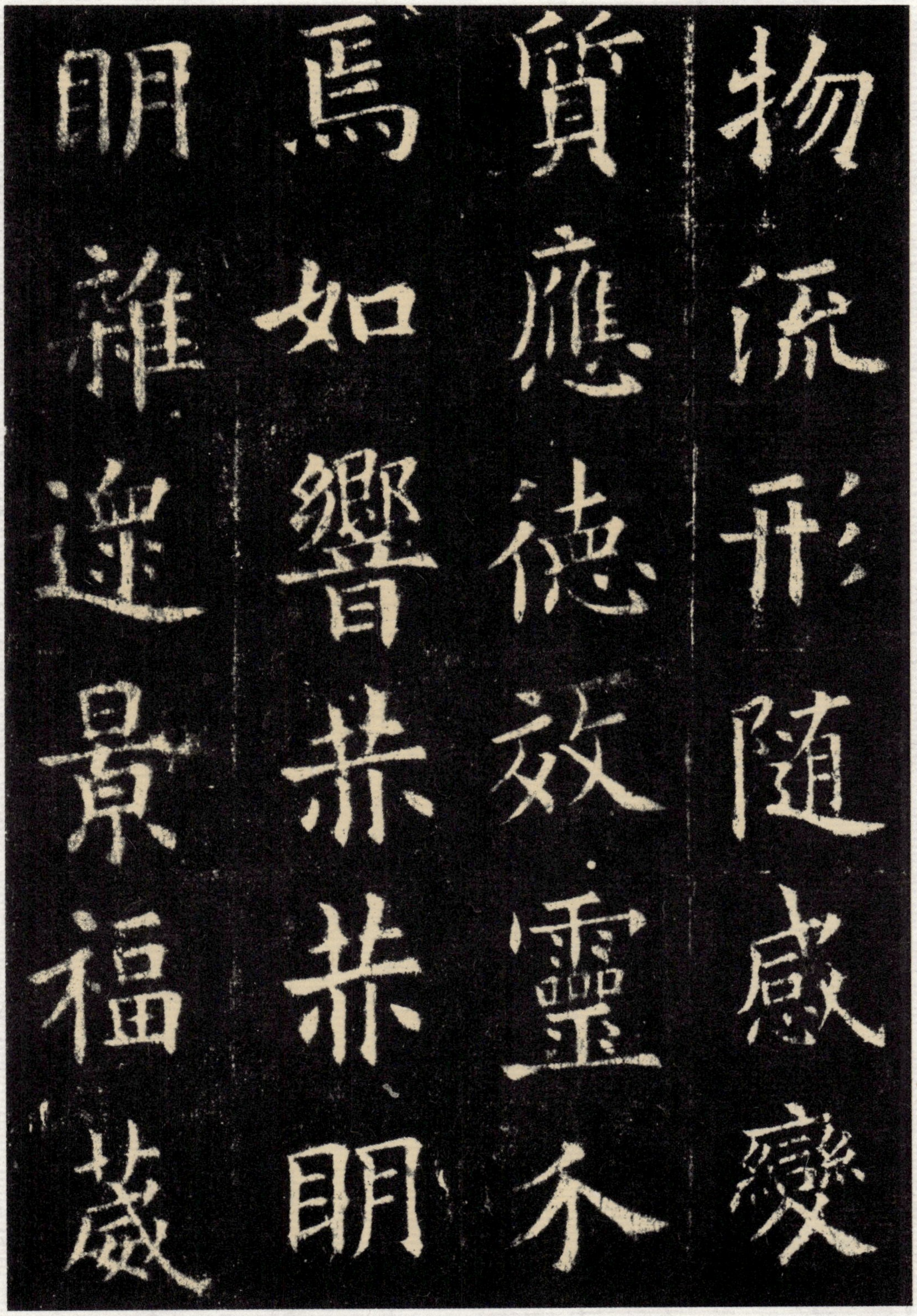
物流形隨感變
質應德效靈不
焉如響赫赫明
明雜還景福歲

物流形。隨感變質，應德效靈。介焉如響，赫赫明明。雜還景福，歲

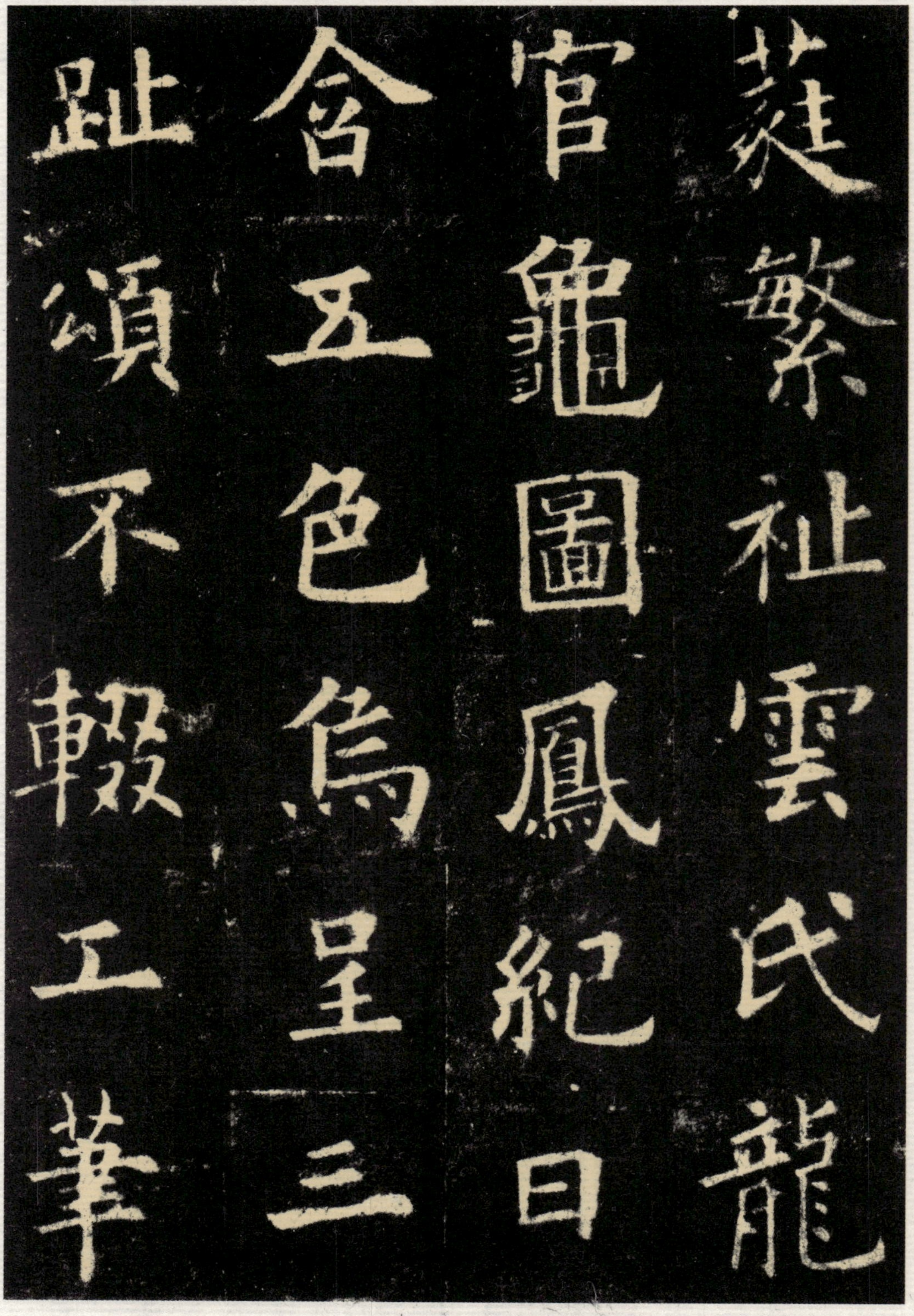
蕤繁祉雲氏龍
官龜圖鳳紀日
含五色烏呈三
趾頌不輟工筆

蕤繁祉。雲氏龍官，龜圖鳳紀。日含五色，烏呈三趾。頌不輟工，筆

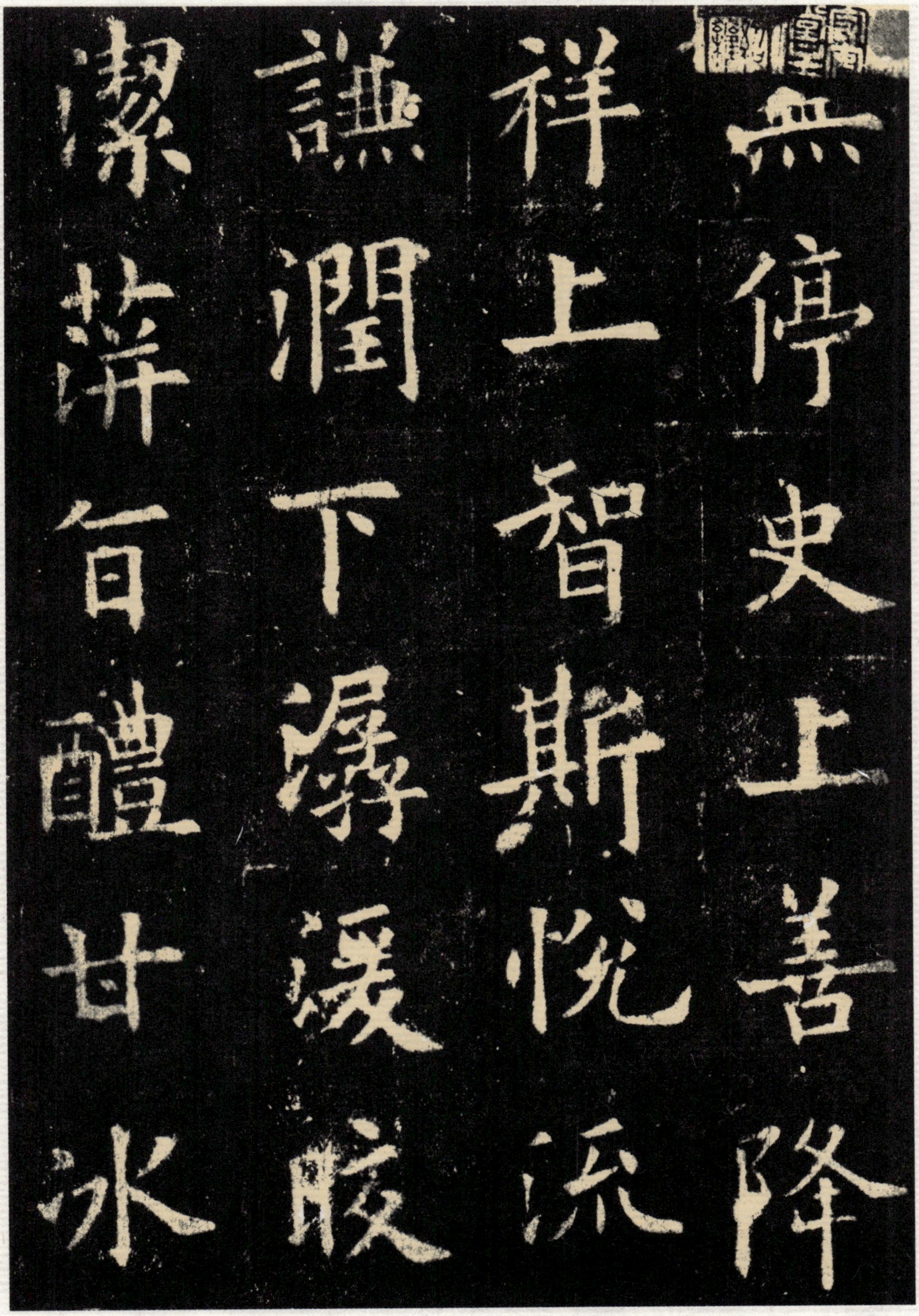
無停史上善降
祥上智斯悦流
謙潤下潺湲皎
潔蓱旨醴甘冰

無停史。上善降祥，上智斯悦。流謙潤下，潺湲皎潔。蓱旨醴甘，冰

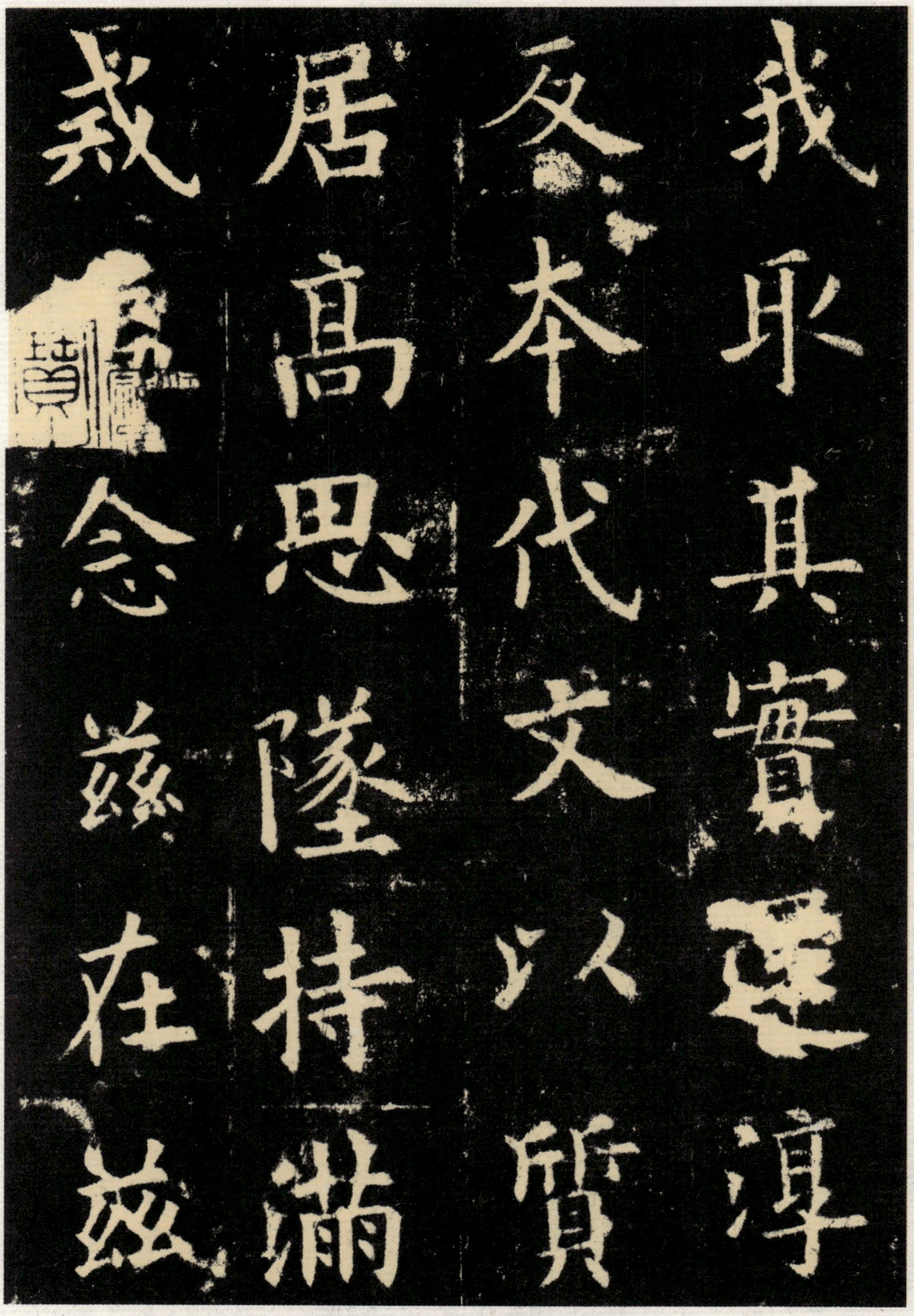

我取其實。還淳反本，代文以質。居高思墜，持滿戒溢。念茲在茲，

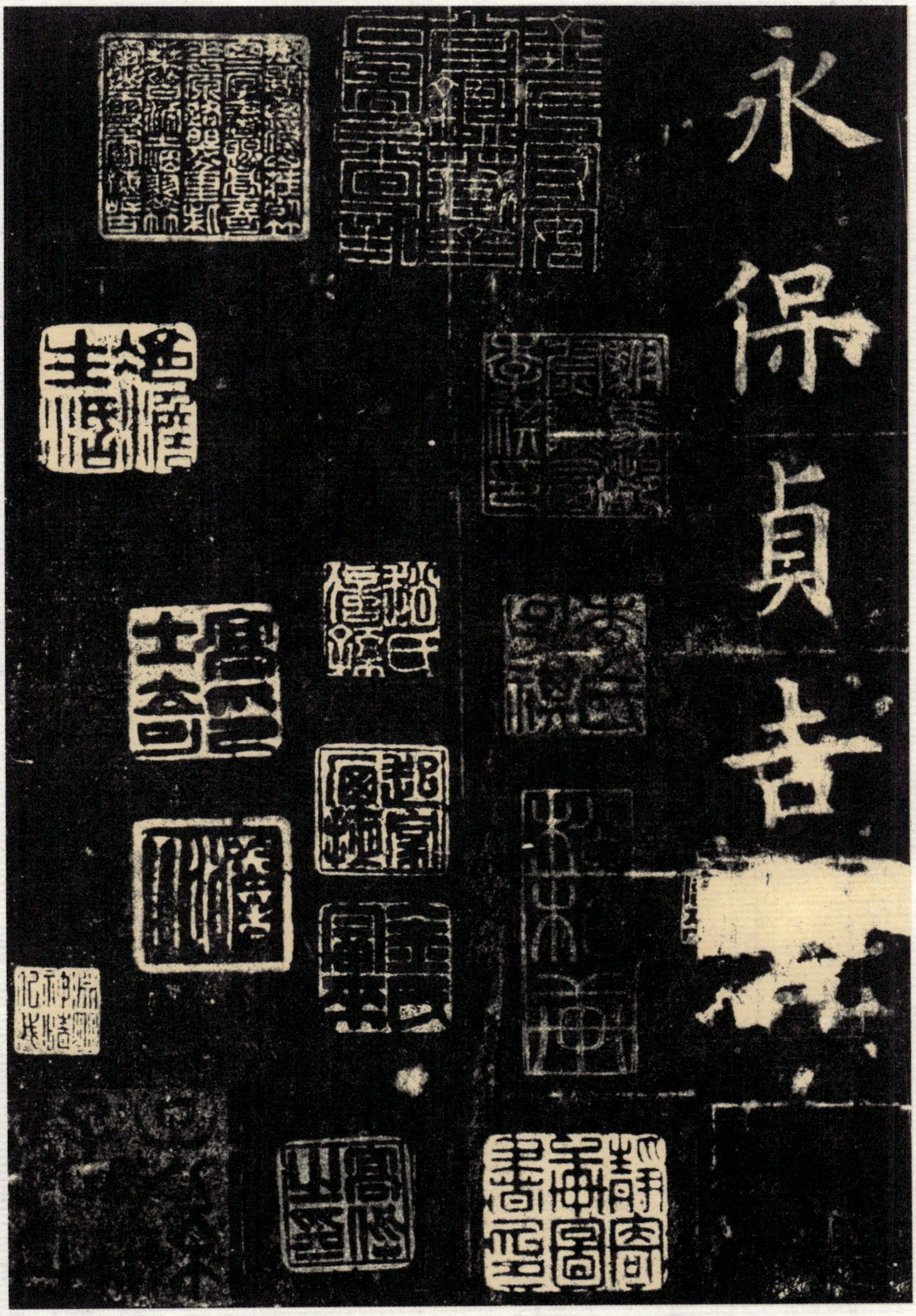

永保貞吉。

兼太子率更令、勃海男臣歐陽詢奉勅書。

懷仁集王羲之書聖教序

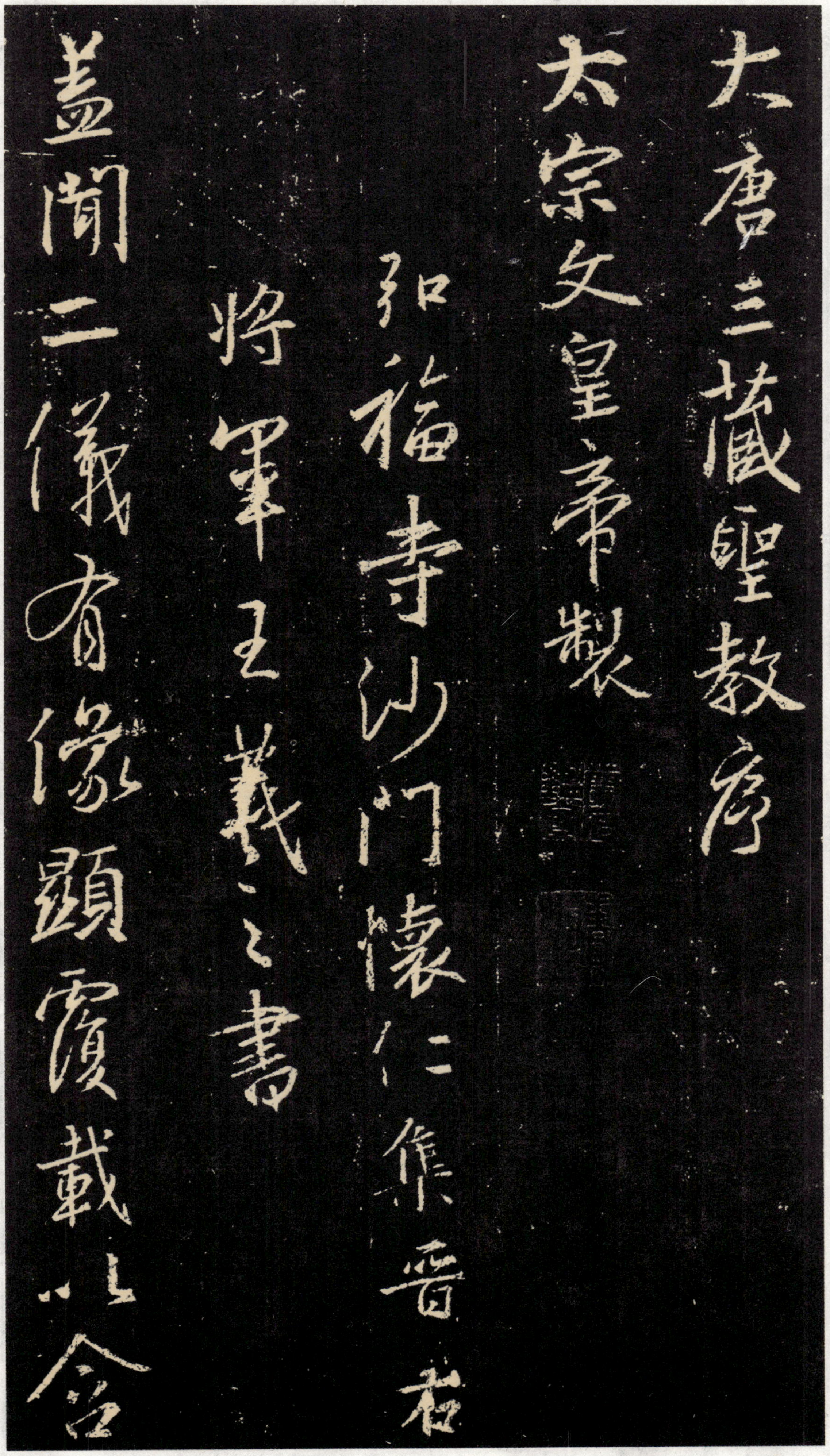
大唐三藏聖教序
太宗文皇帝製
弘福寺沙門懷仁集晉右
將軍王羲之書
盖聞二儀有像顯覆載以含

大唐三藏聖教序，太宗文皇帝製，弘福寺沙門懷仁集，晉右將軍王羲之書。盖聞二儀有像，顯覆載以含

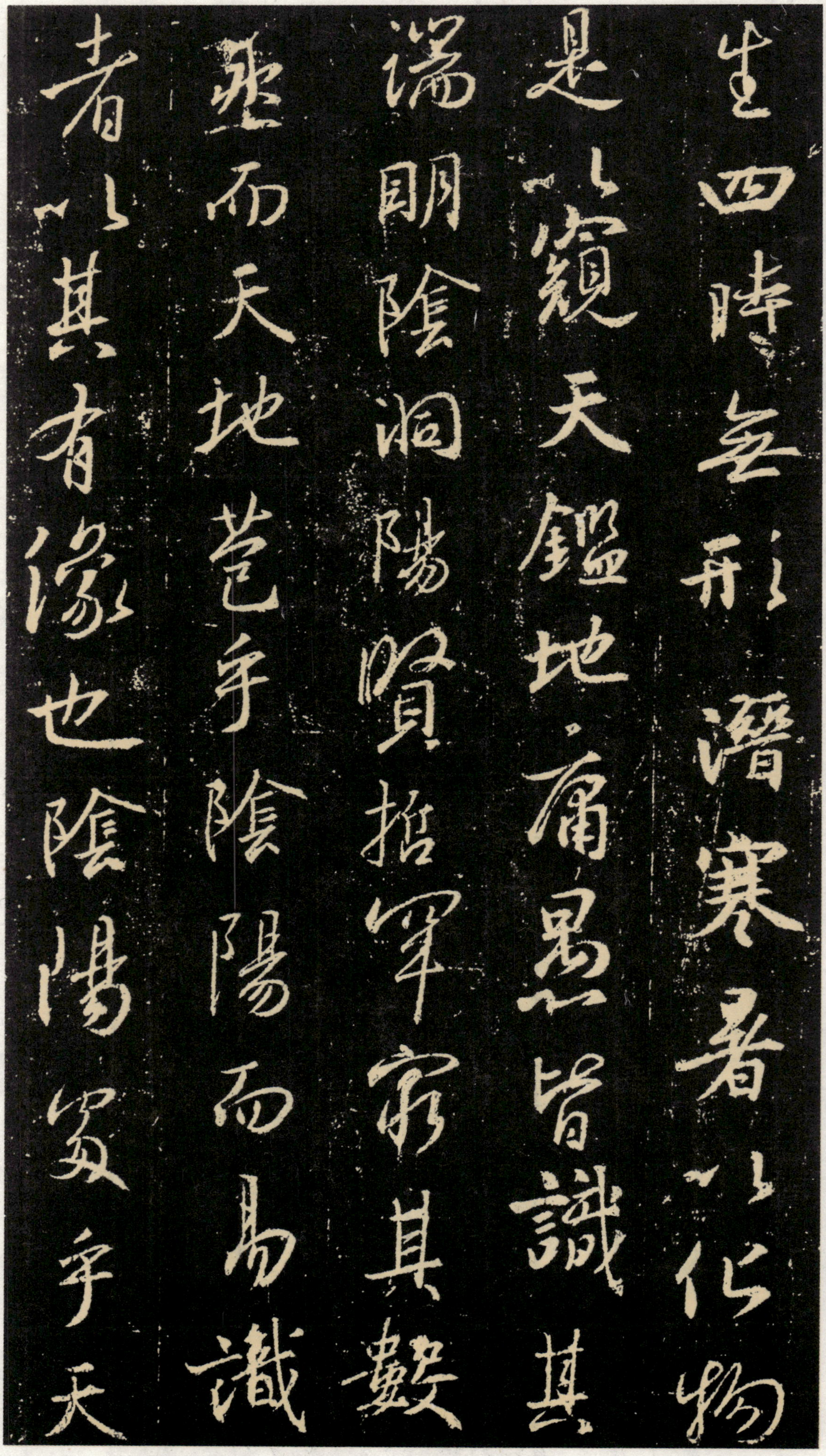

生；四時無形，潛寒暑以化物。是以窺天鑑地，庸愚皆識其端；明陰洞陽，賢哲罕窮其數。然而，天地苞乎陰陽而易識者，以其有像也。陰陽處乎天

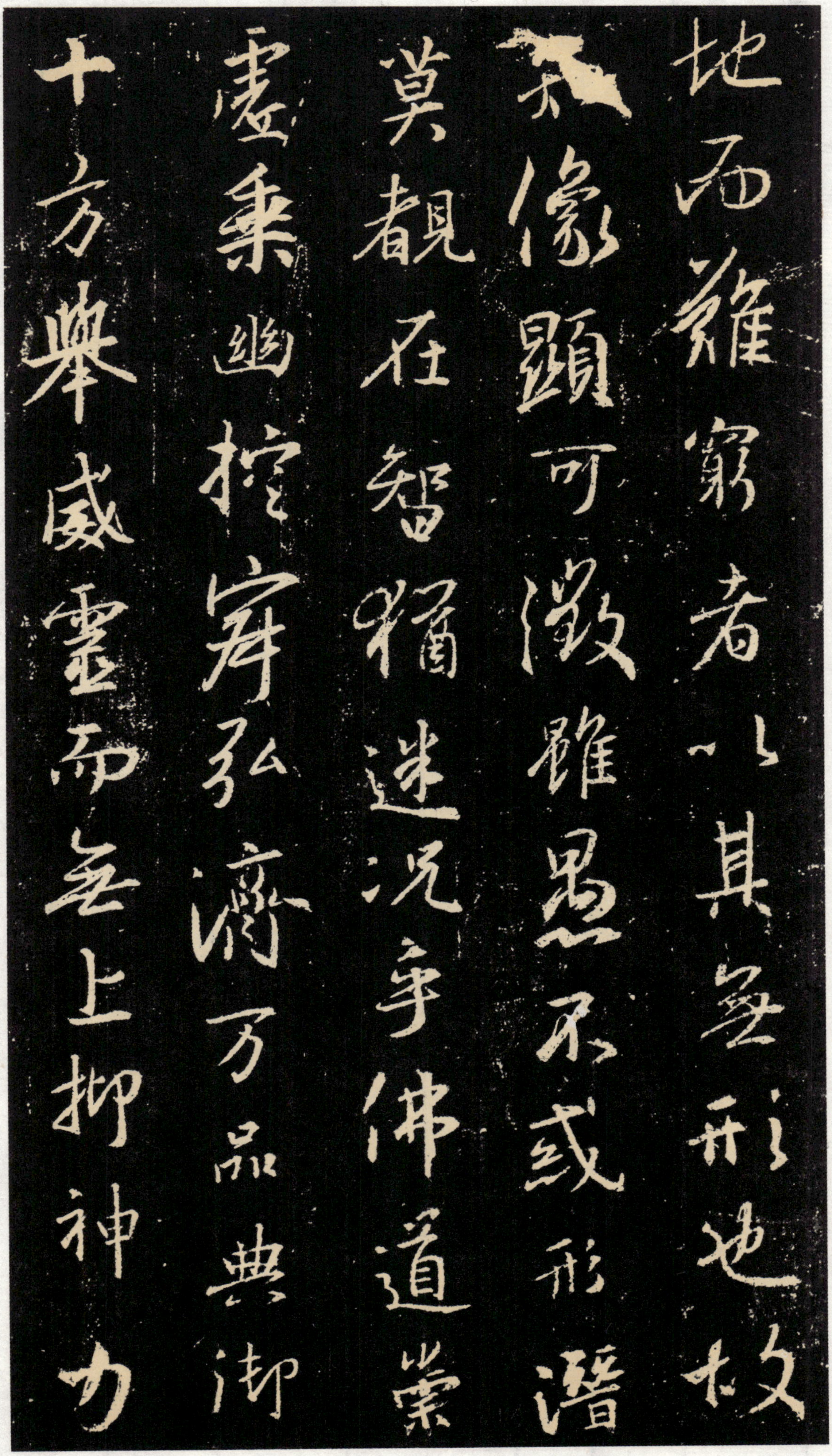

地而難窮者，以其無形也。故知像顯可徵，雖愚不惑；形潛莫覩，在智猶迷。况乎佛道崇虚，乘幽控寂，弘濟万品，典御十方。舉威靈而無上，抑神力

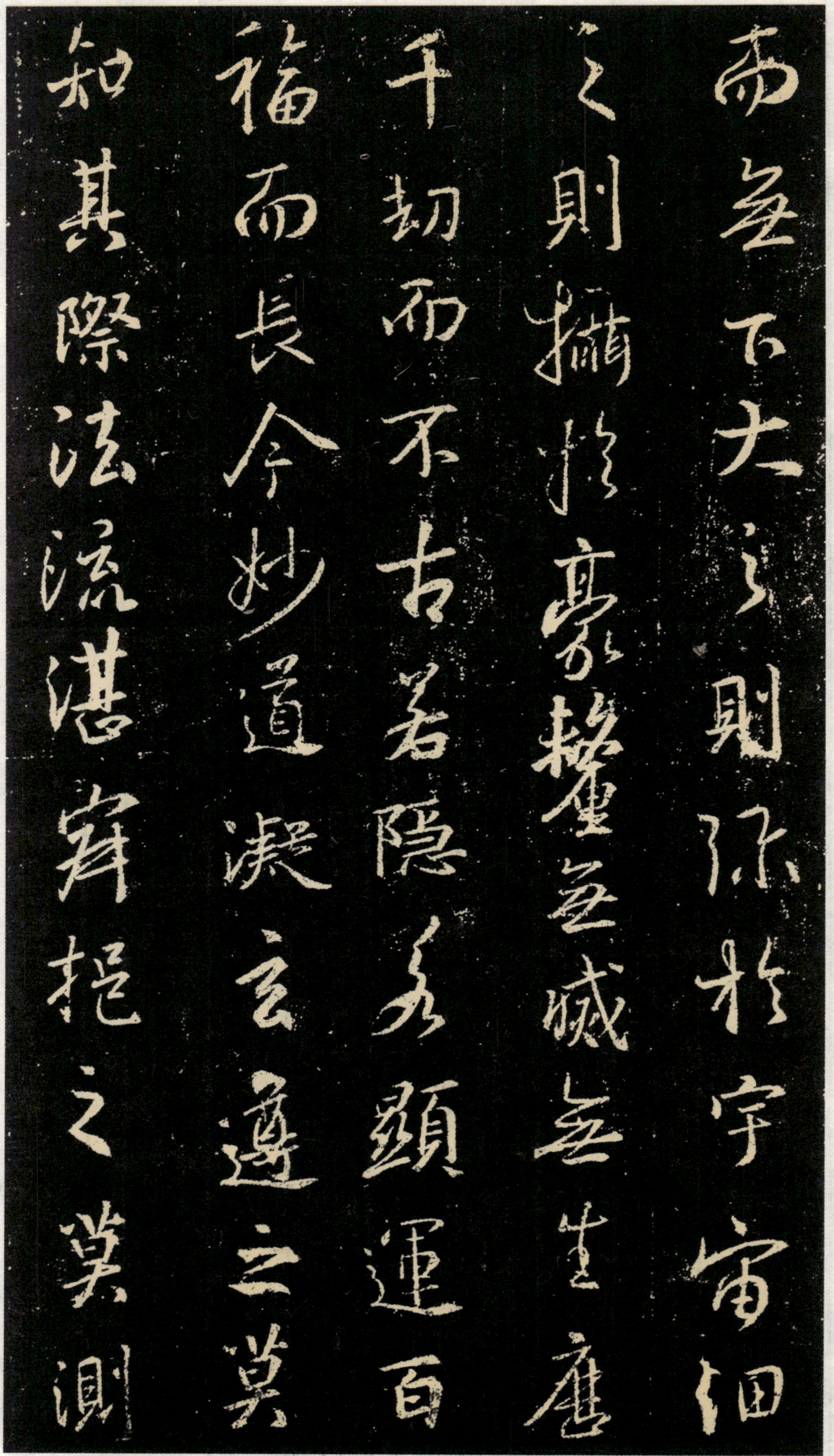

而無下。大之則弥於宇宙，細之則攝於豪釐。無滅無生，歷千劫而不古；若隱若顯，運百福而長今。妙道凝玄，遵之莫知其際；法流湛寂，挹之莫測

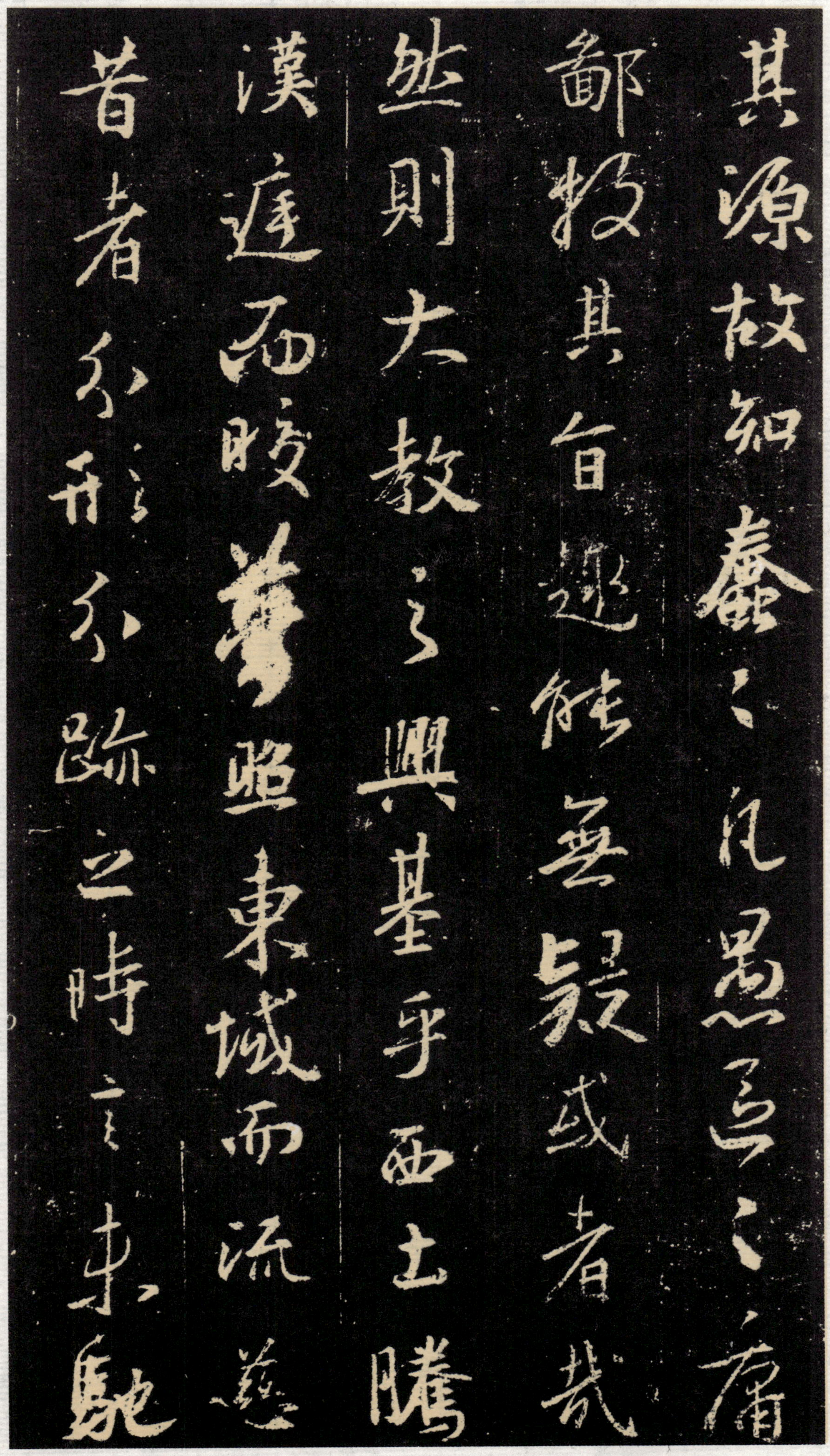

其源。故知蠢蠢凡愚，區區庸鄙，投其旨趣，能無疑或者哉。然則大教之興，基乎西土。騰漢庭而皎夢，照東城而流慈。昔者分形分跡之時，言未馳

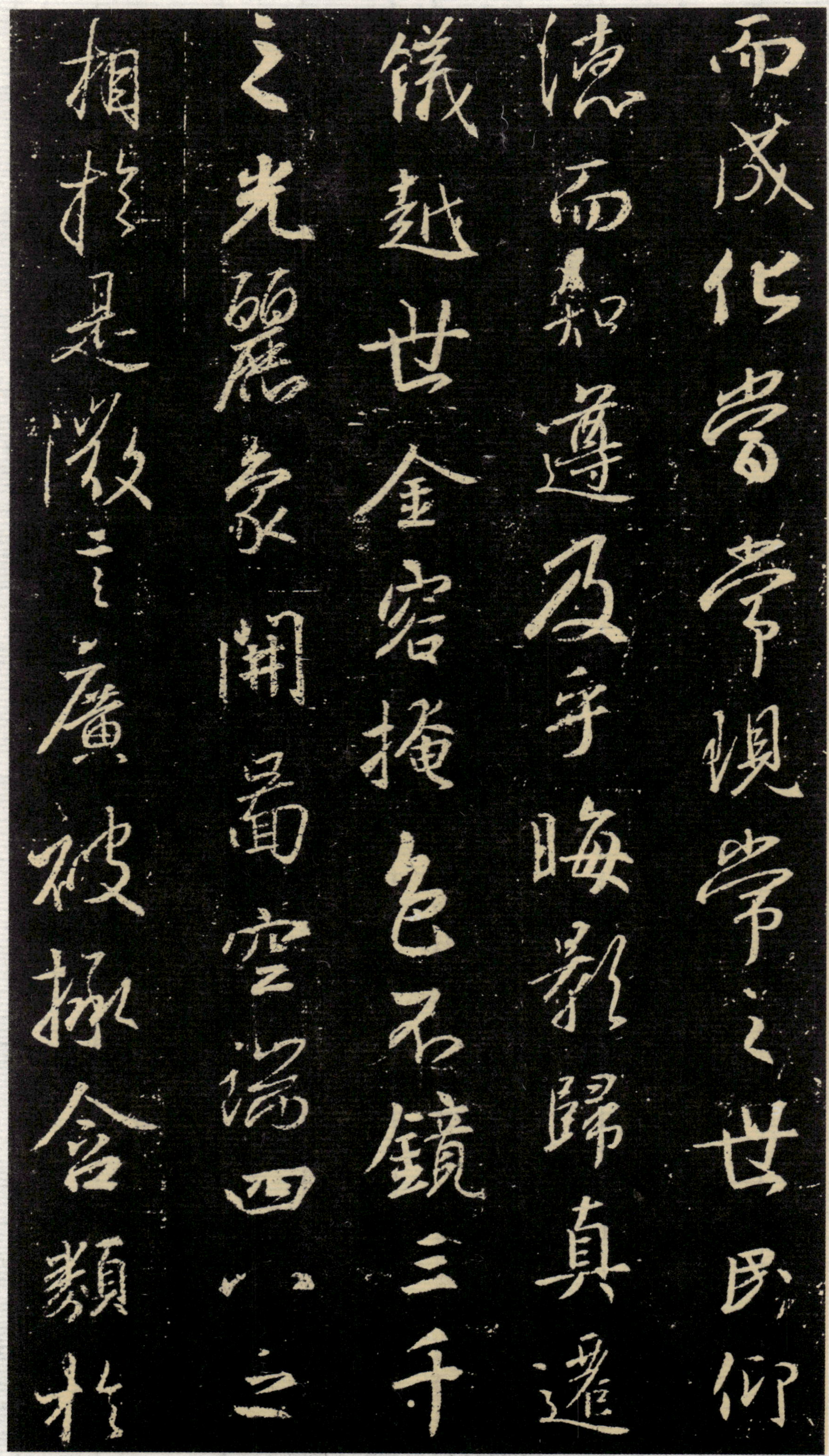

而成化；當常現常之世，民仰德而知遵。及乎晦影歸真，遷儀越世。金容掩色，不鏡三千之光；麗象開圖，空端四八之相。於是微言廣被，拯含類於

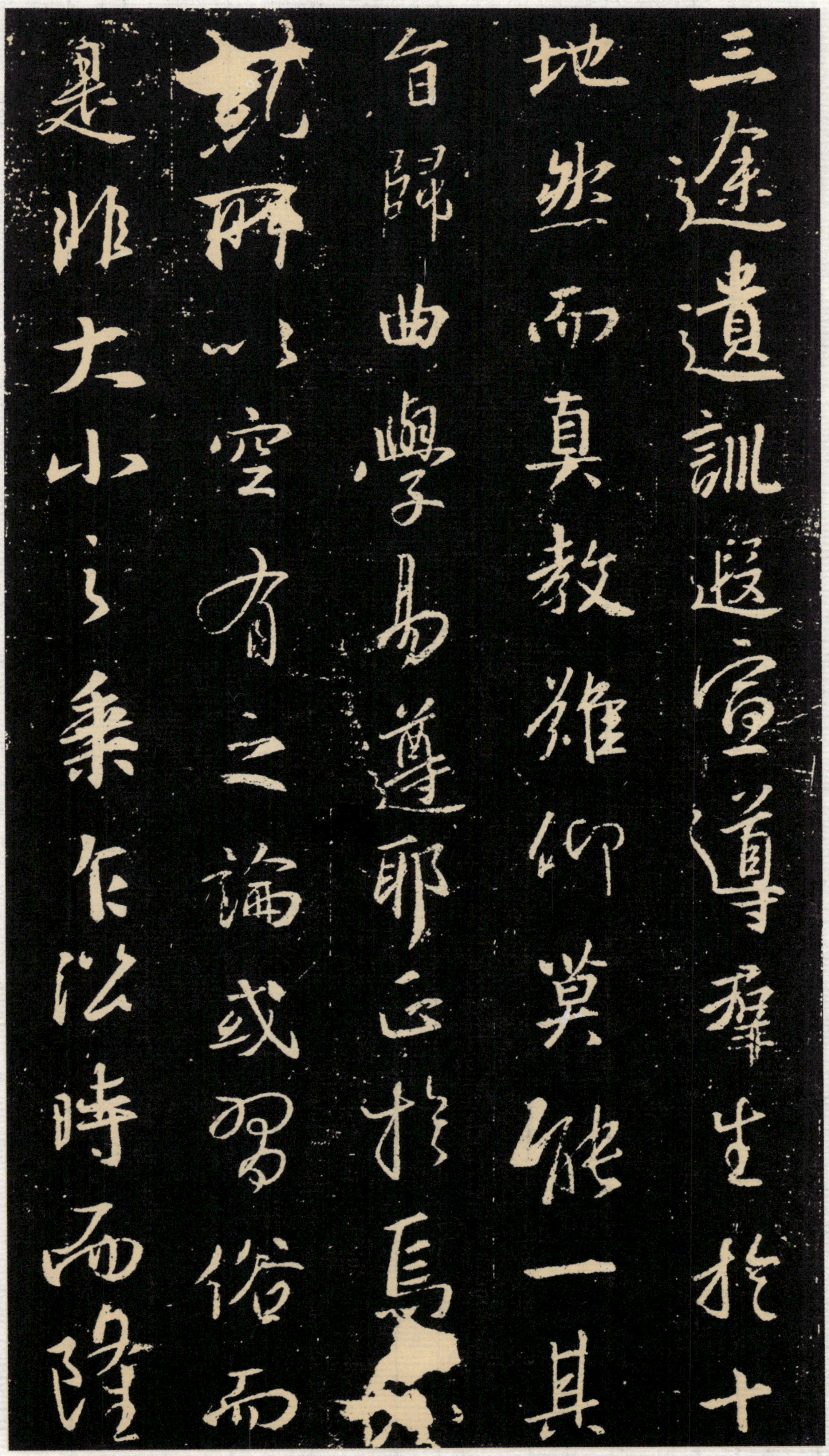
三途遺訓遐宣導群生於十
地然而真教難仰莫能一其
旨歸曲學易遵耶正於焉紛
糾所以空有之論或習俗而
是非大小之乘乍沿時而隆

三途；遺訓遐宣，導群生於十地。然而真教難仰，莫能一其旨歸；曲學易遵，邪正於焉紛糾。所以空有之論，或習俗而是非；大小之乘，乍沿時而隆

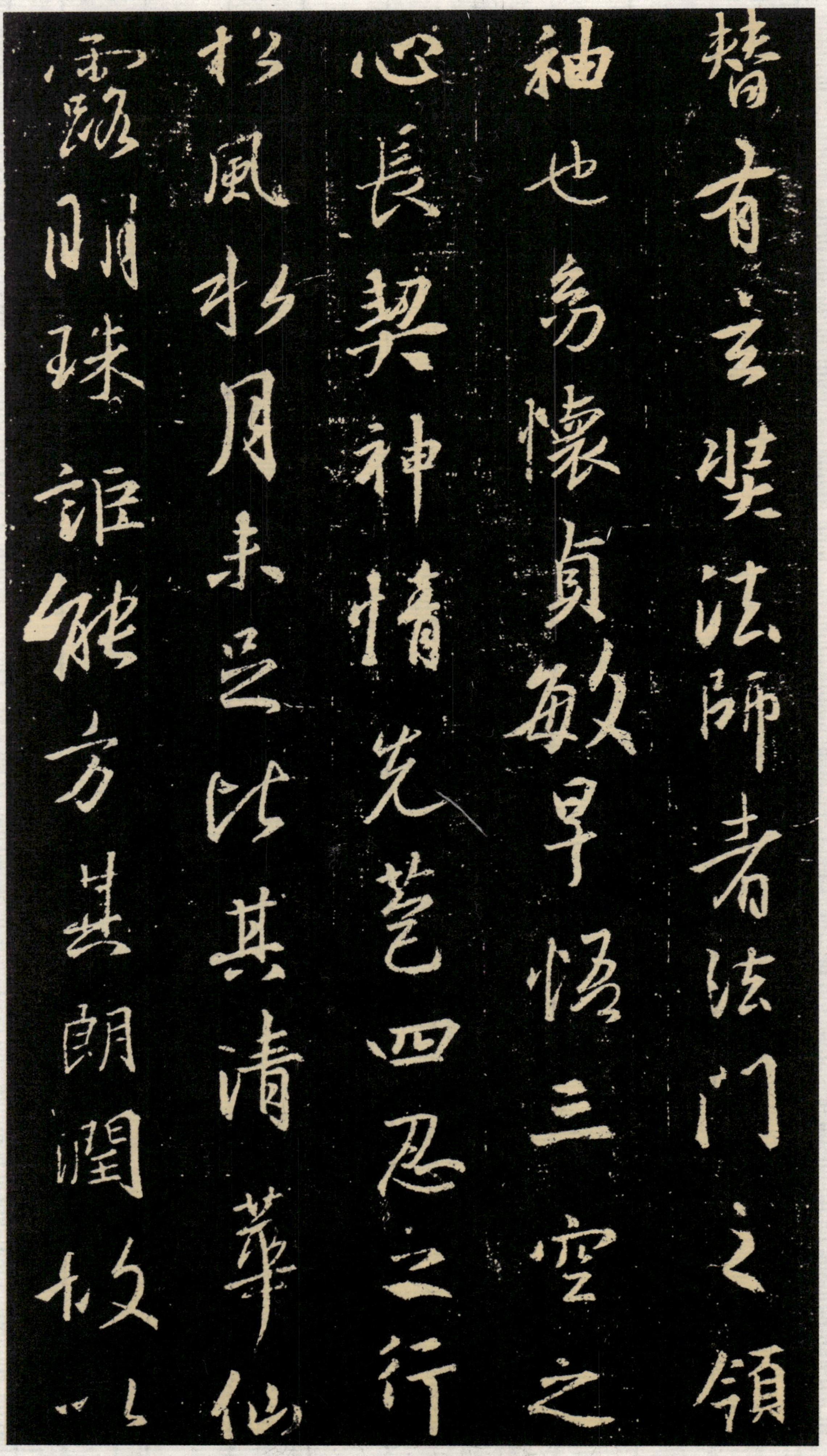

替。有玄奘法師者，法門之領袖也。幼懷貞敏，早悟三空之心；長契神情，先苞四忍之行。松風水月，未足比其清華；仙露明珠，詎能方其朗潤。故以

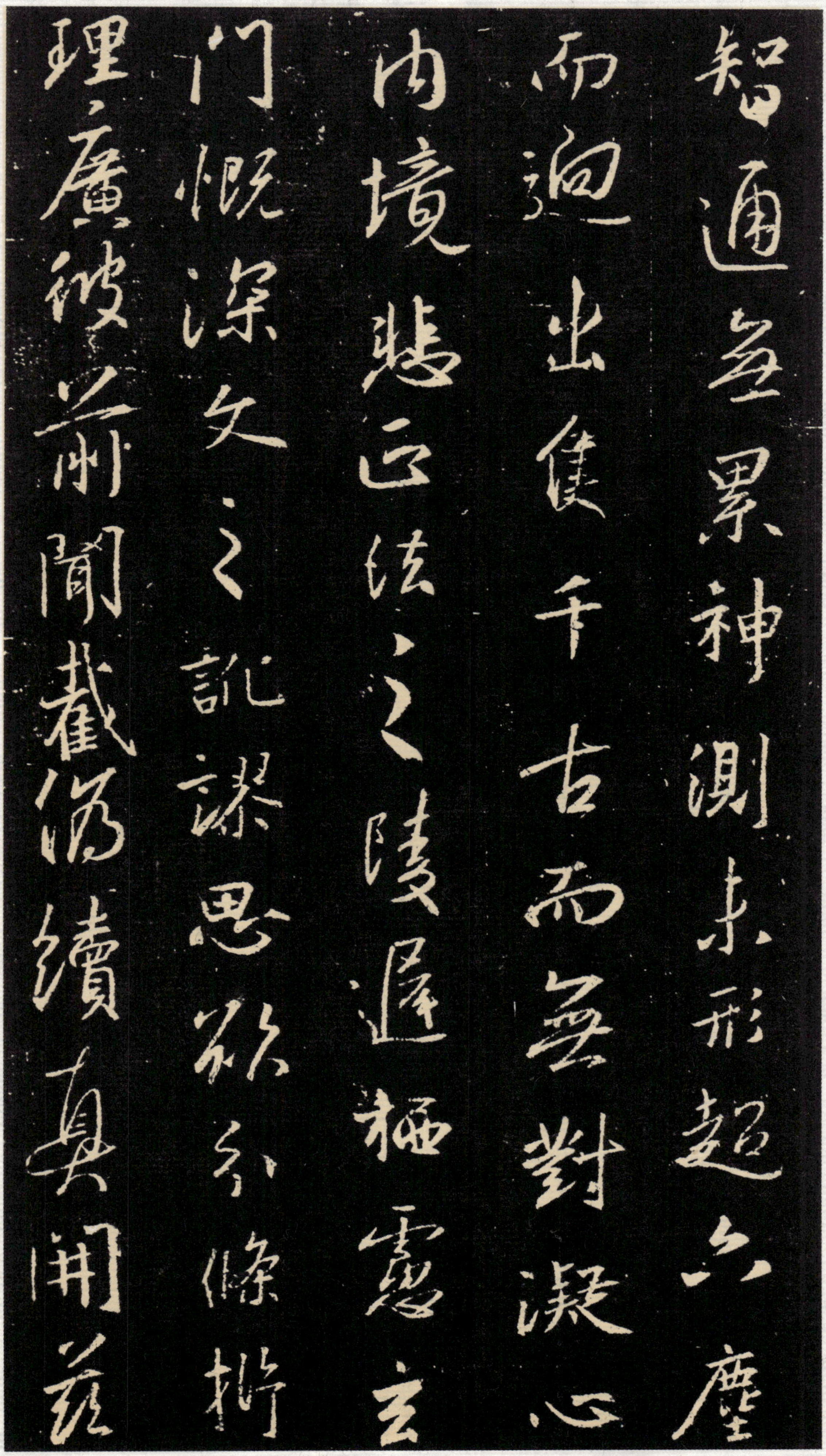

智通無累，神測未形。超六塵而迥出，隻千古而無對。凝心內境，悲正法之陵遲；棲慮玄門，慨深文之訛謬。思欲分條析理，廣彼前聞；截僞續真，開茲

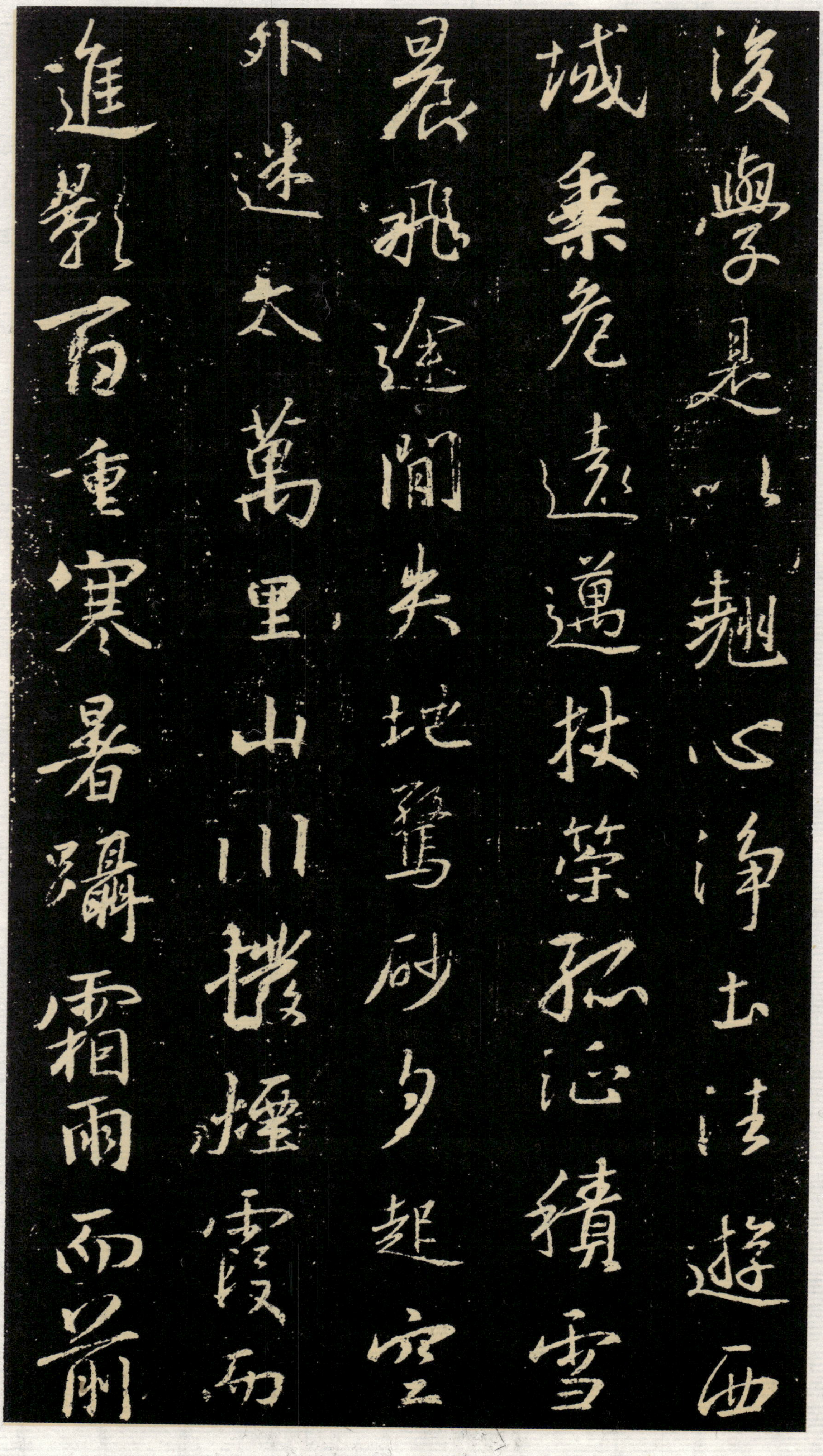

後學。是以翹心净土，往遊西域。乘危遠邁，杖策孤征。積雪晨飛，途閒失地。驚砂夕起，空外迷天。萬里山川，撥烟霞而進影；百重寒暑，躡霜雨而前

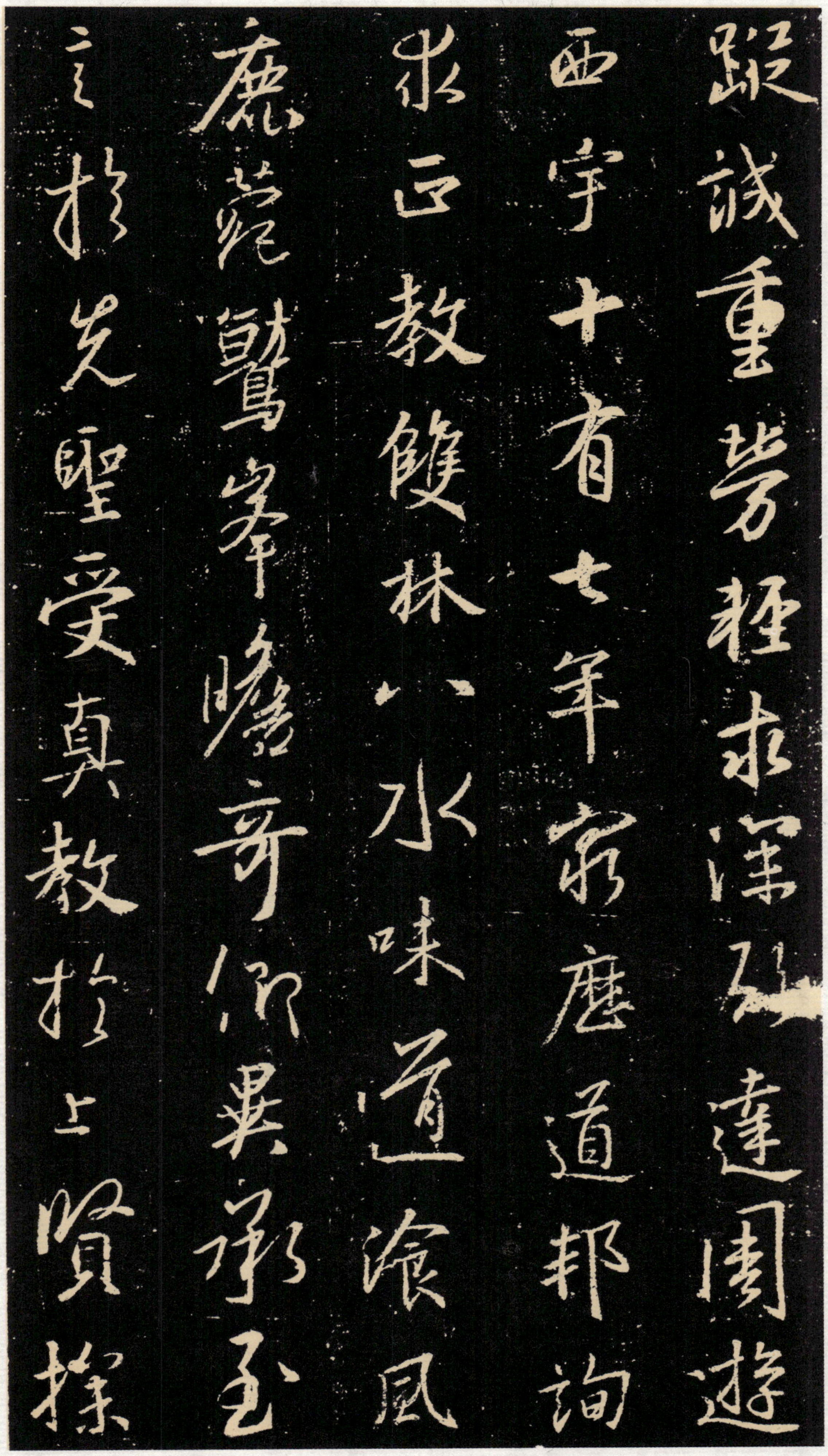
蹤誠重勞輕求深願達周遊
西宇十有七年窮歷道邦詢
求正教雙林八水味道飡風
鹿菀鷲峰瞻奇仰異承至
言於先聖受真教於上賢探

蹤。誠重勞輕，求深願達，周遊西宇，十有七年。窮歷道邦，詢求正教。雙林八水，味道飡風。鹿菀鷲峰，瞻奇仰異。承至言於先聖，受真教於上賢。探

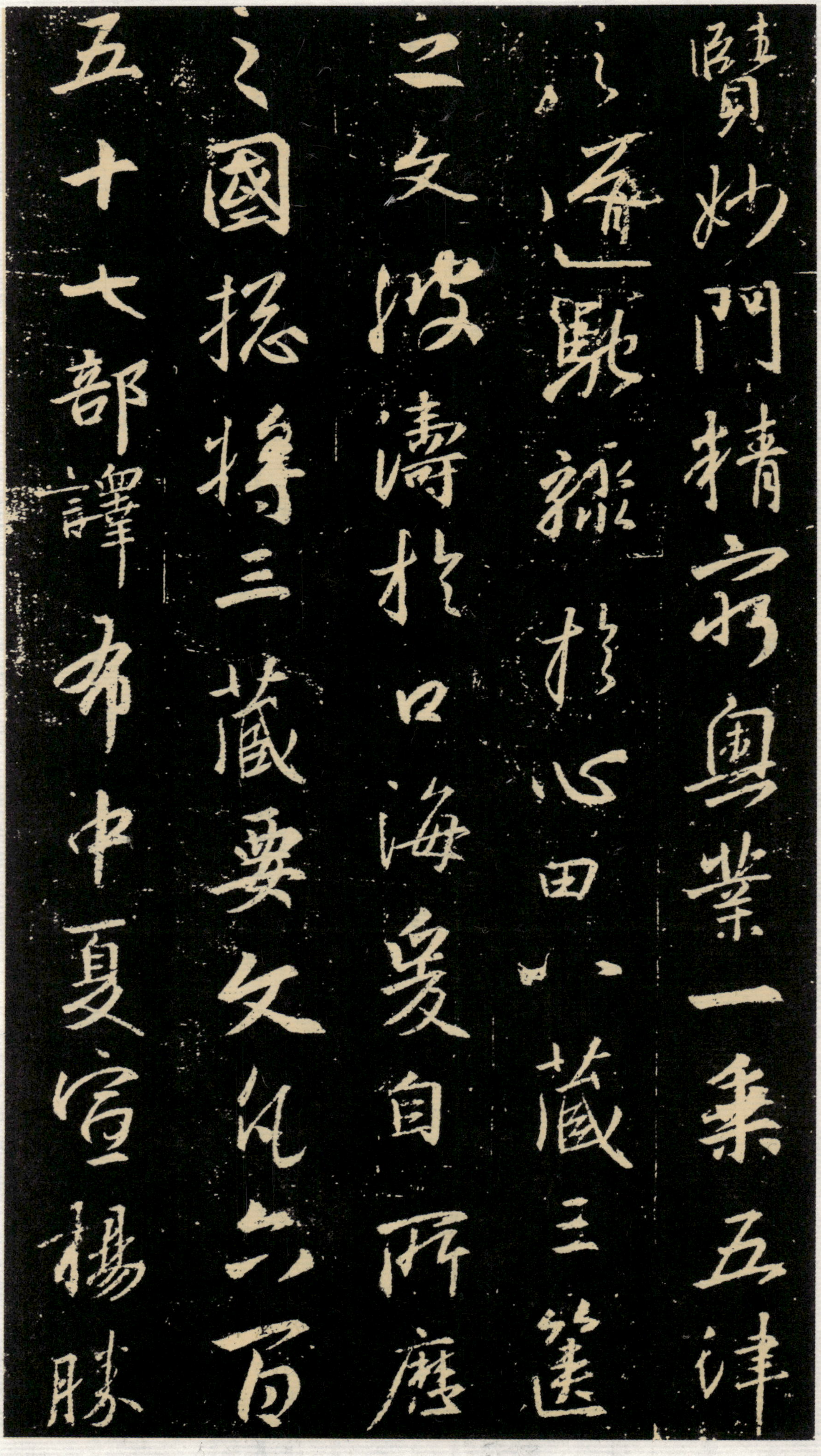

賾妙門，精窮奧業。一乘五津之道，馳驟於心田；八藏三篋之文，波濤於口海。爰自所歷之國，總將三藏要文，凡六百五十七部，譯布中夏，宣揚勝

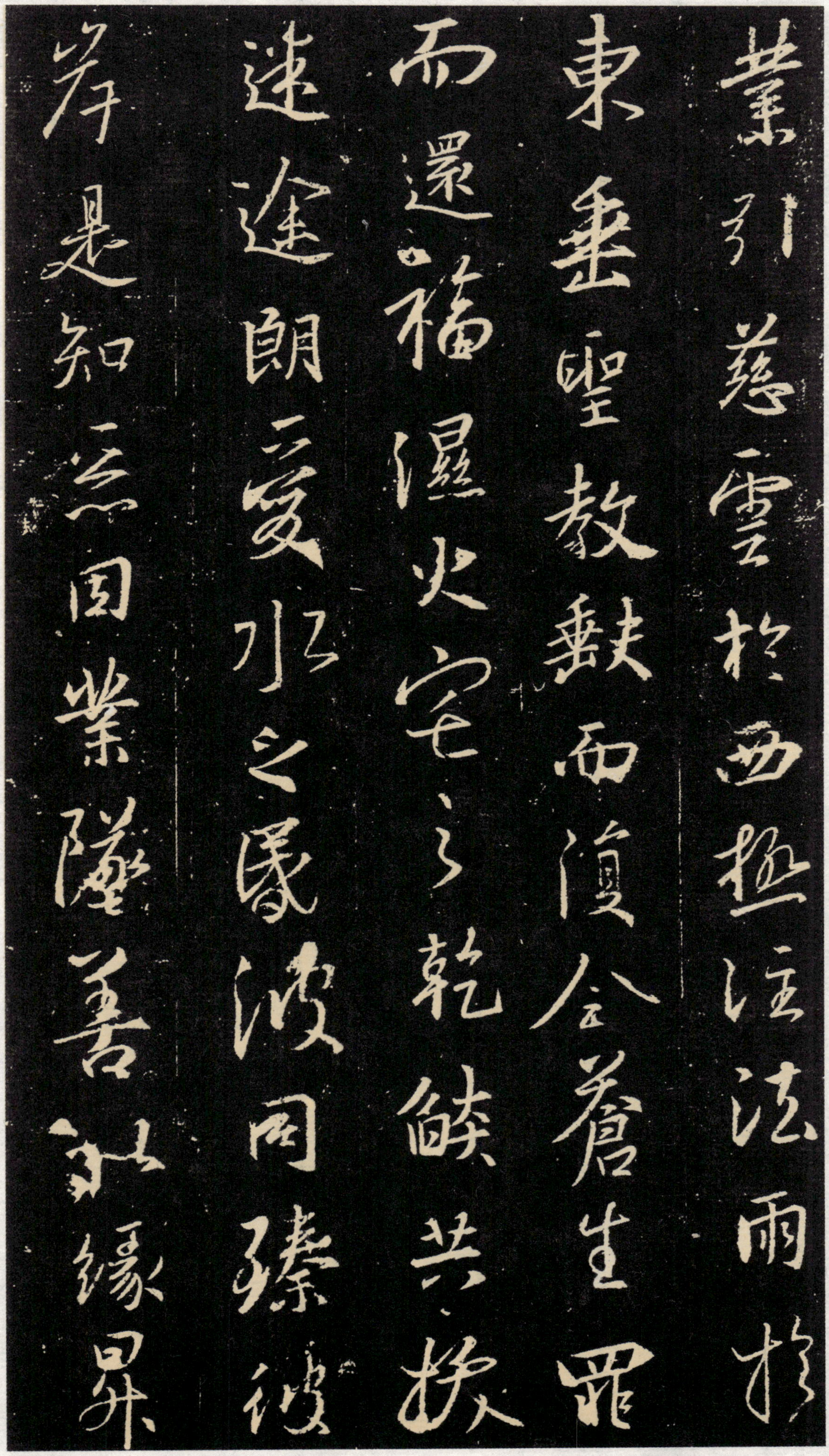

業。引慈雲於西極，注法雨於東垂。聖教缺而復全，蒼生罪而還福。濕火宅之乾燄，共拔迷途；朗愛水之昏波，同臻彼岸。是知惡因業墜，善以緣昇。

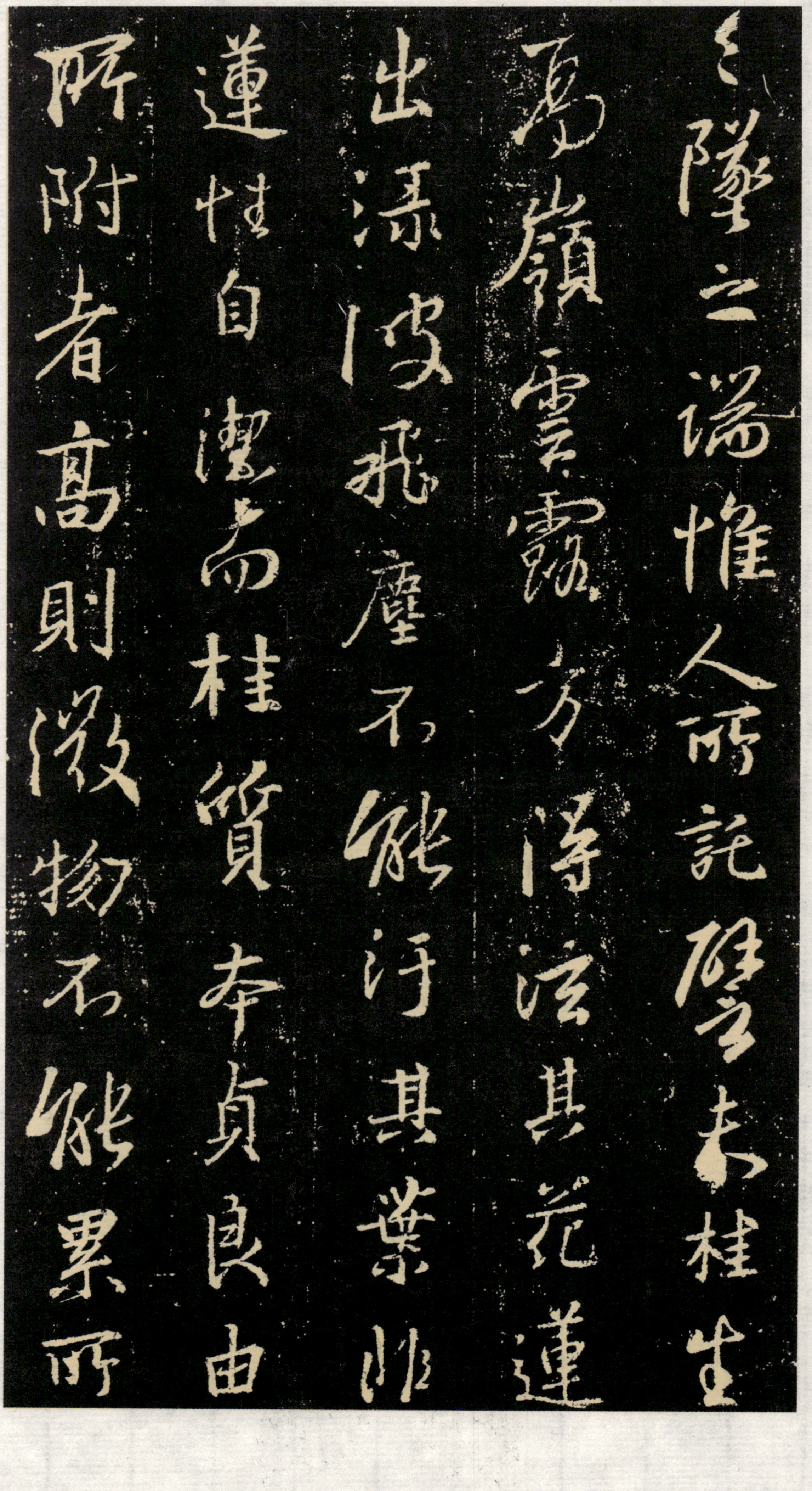

昇墜之端，惟人所託。譬夫桂生高嶺，雲露方得泫其花；蓮出淥波，飛塵不能汙其葉。非蓮性自潔，而桂質本貞，良由所附者高，則微物不能累；所

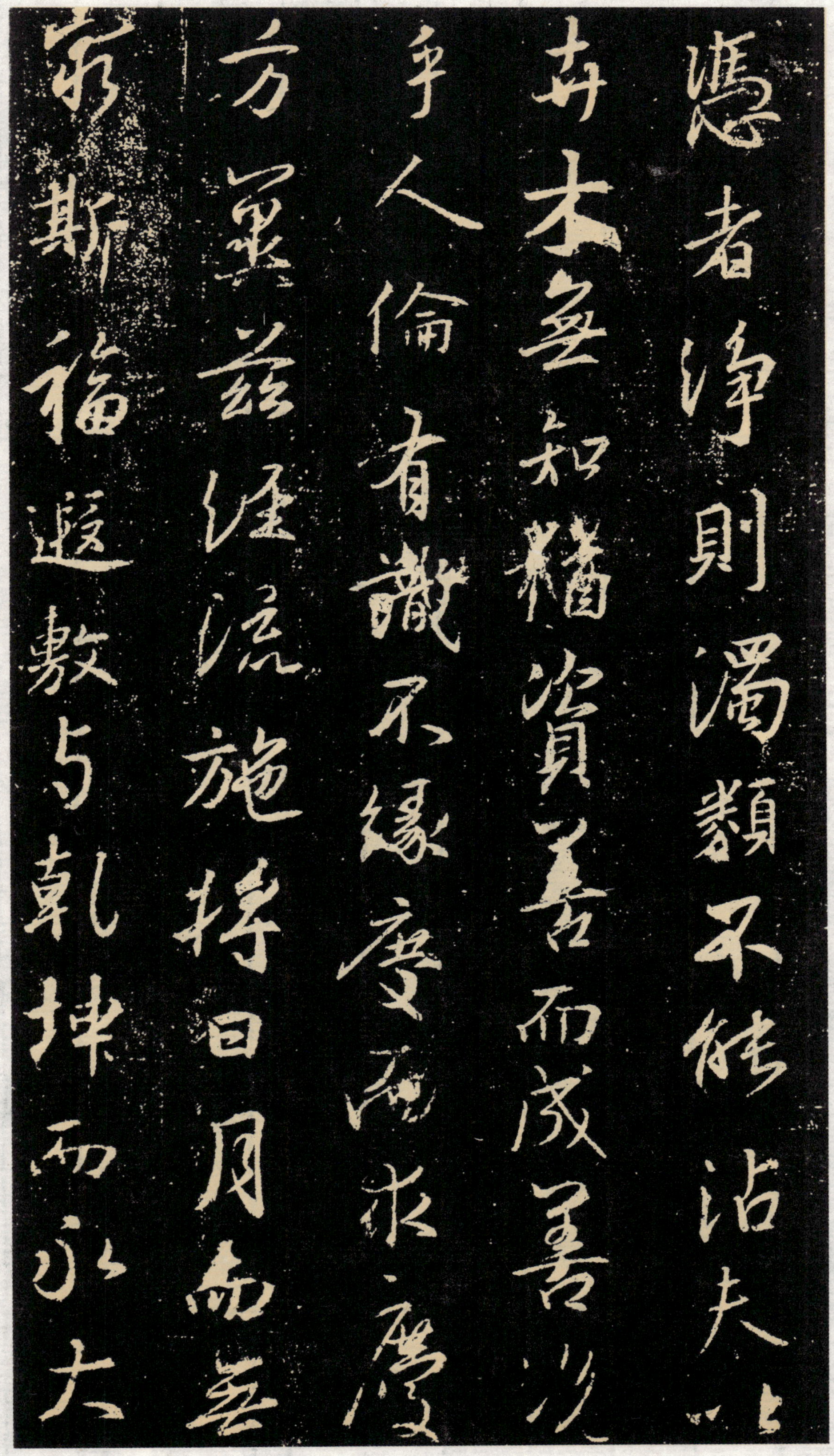

憑者净，則濁類不能沾。夫以卉木無知，猶資善而成善，況乎人倫有識，不緣慶而求慶？方冀兹經流施，將日月而無窮；斯福遐敷，与乾坤而永大。

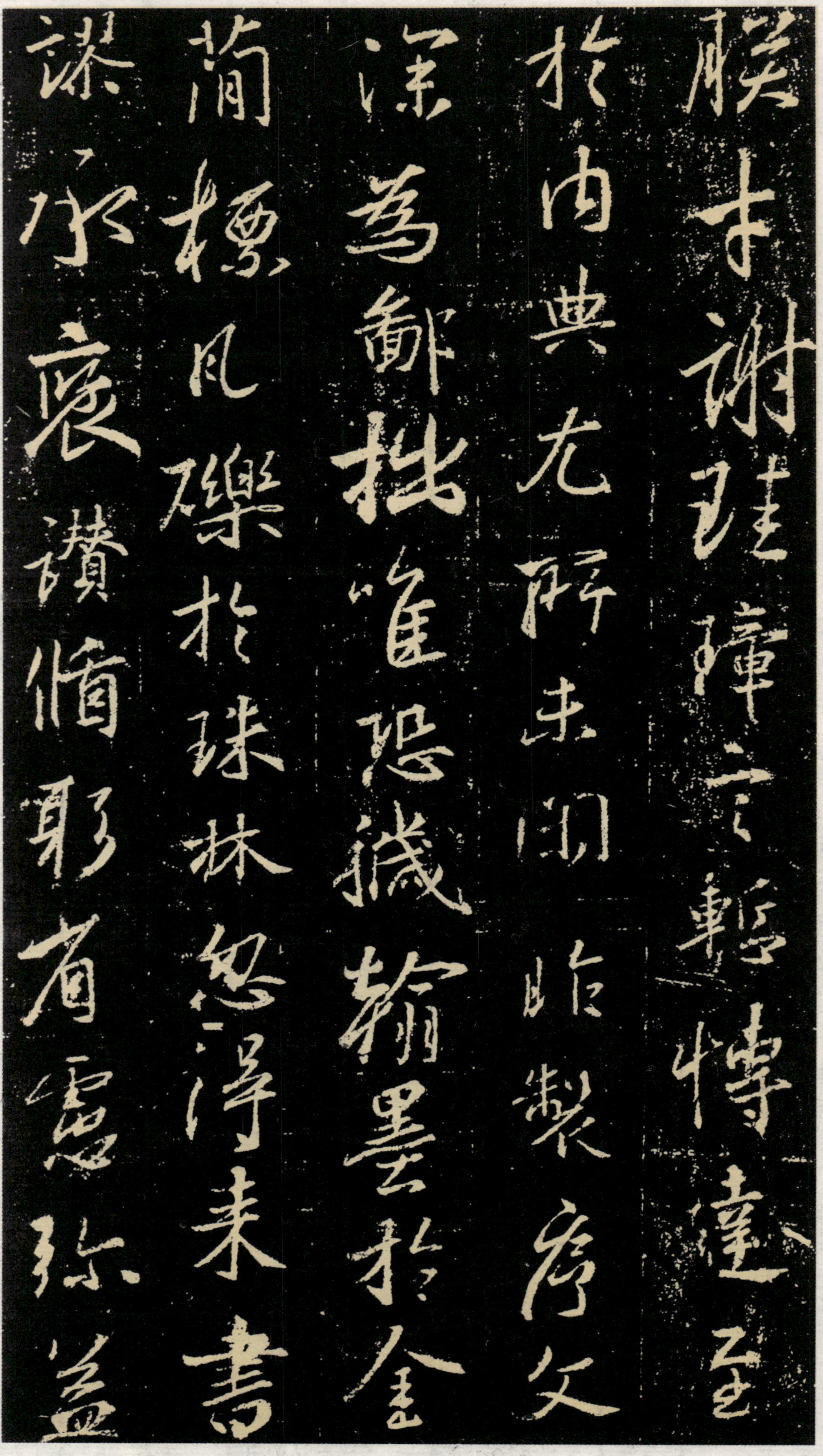

朕才謝珪璋，言慚博達。至於内典，尤所未閑。昨製序文，深爲鄙拙。唯恐穢翰墨於金簡，標瓦礫於珠林。忽得來書，謬承褒讚。循躬省慮，弥益

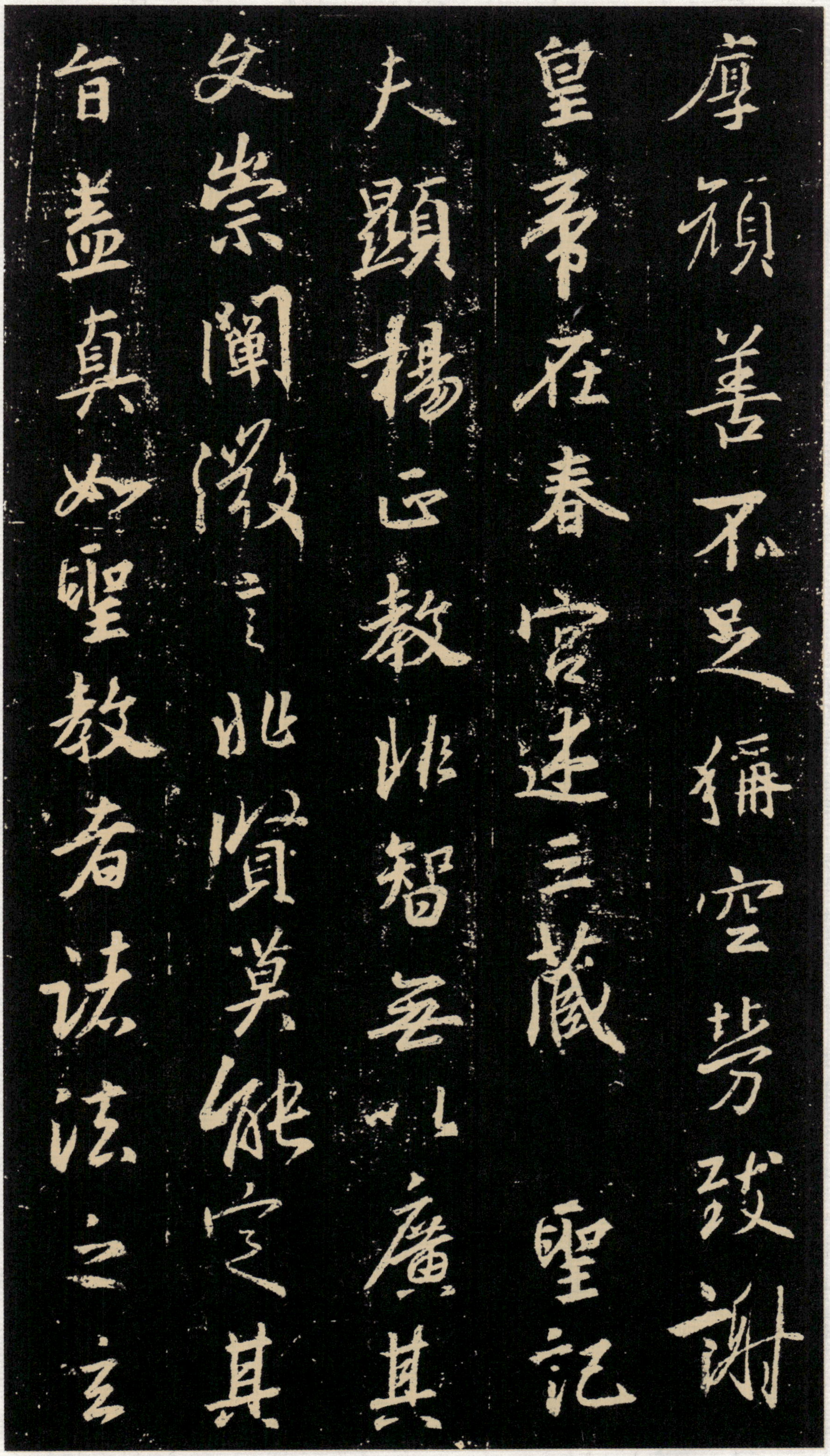

厚顏。善不足稱，空勞致謝。皇帝在春宮述三藏。聖記。夫顯揚正教，非智無以廣其文；崇闡微言，非賢莫能定其旨。蓋真如聖教者，諸法之玄

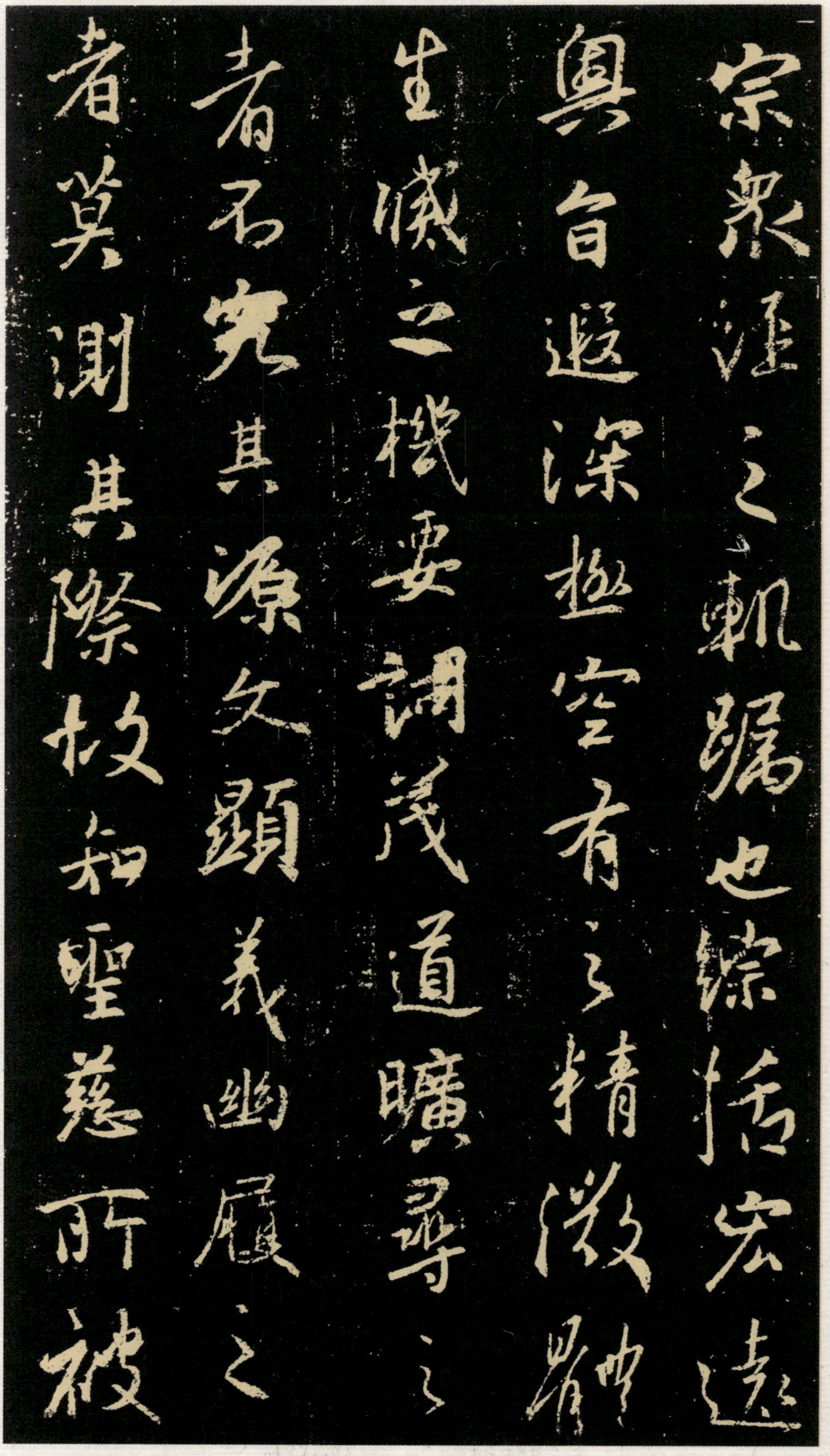

宗，衆經之軌躅也。綜括宏遠，奥旨遐深。極空有之精微，體生滅之機要。詞茂道曠，尋之者不究其源；文顯義幽，履之者莫測其際。故知聖慈所被，

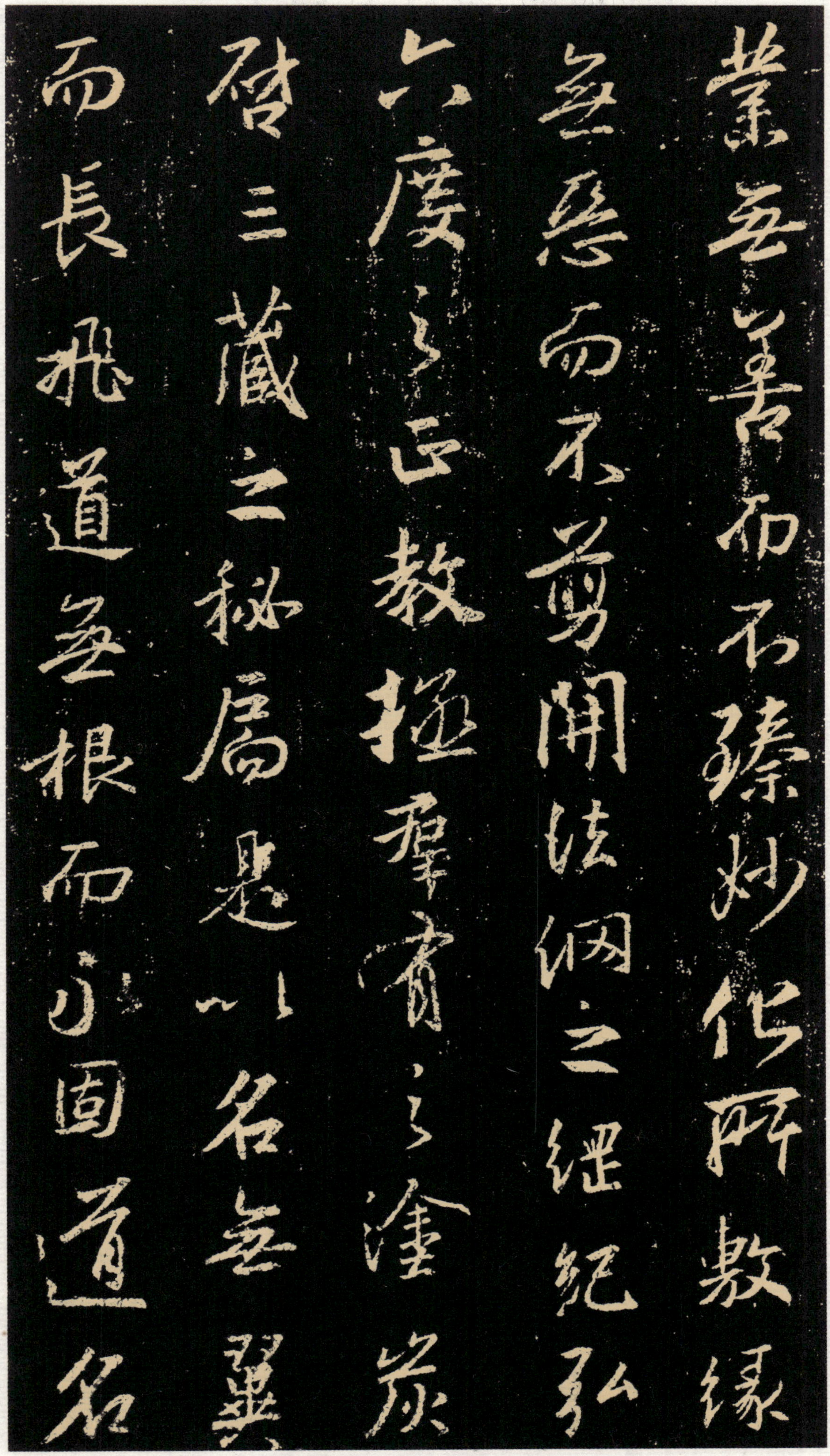

業無善而不臻；妙化所敷，緣無惡而不剪。開法網之綱紀，弘六度之正教。拯群有之塗炭，啓三藏之秘扃。是以名無翼而長飛，道無根而永固。道名

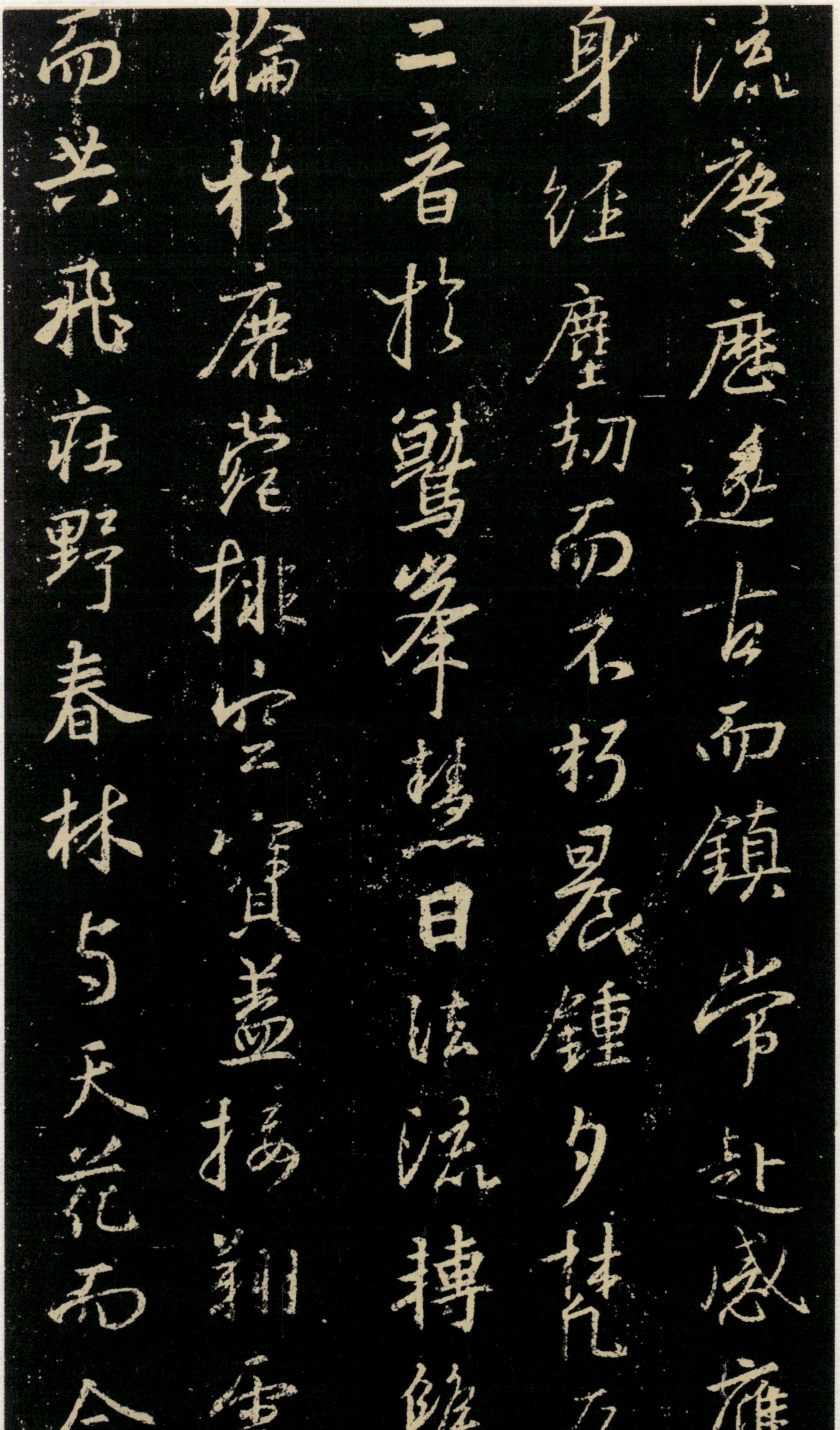

流慶，歷遂古而鎮常；赴感應身，經塵劫而不朽。晨鍾夕梵，交二音於鷲峰；慧日法流，轉雙輪於鹿菀。排空寶蓋，接翔雲而共飛；莊野春林，与天花而合

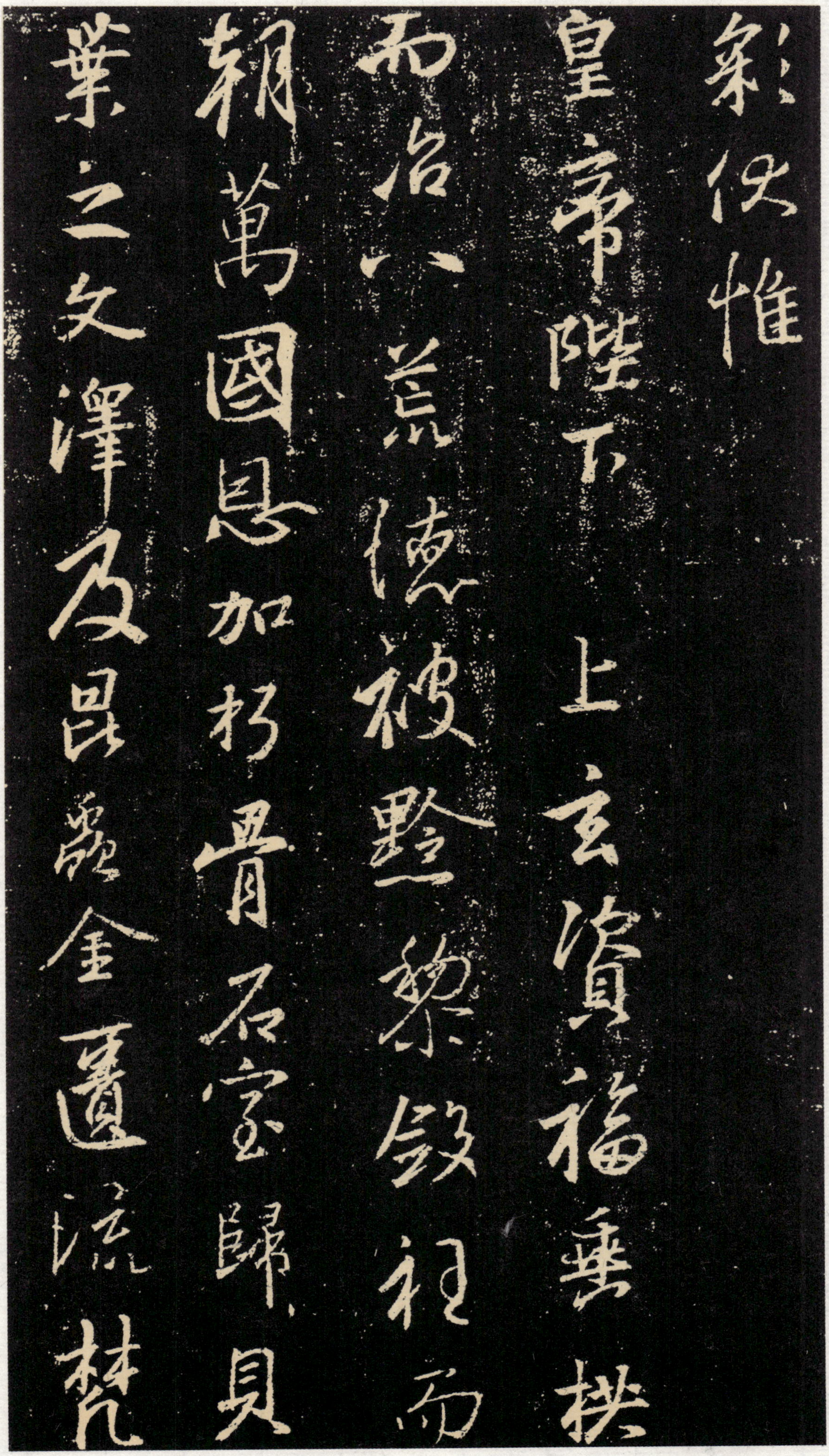

彩。伏惟皇帝陛下，上玄資福，垂拱而治八荒；德被黔黎，斂衽而朝萬國。恩加朽骨，石室歸貝葉之文；澤及昆蟲，金匱流梵

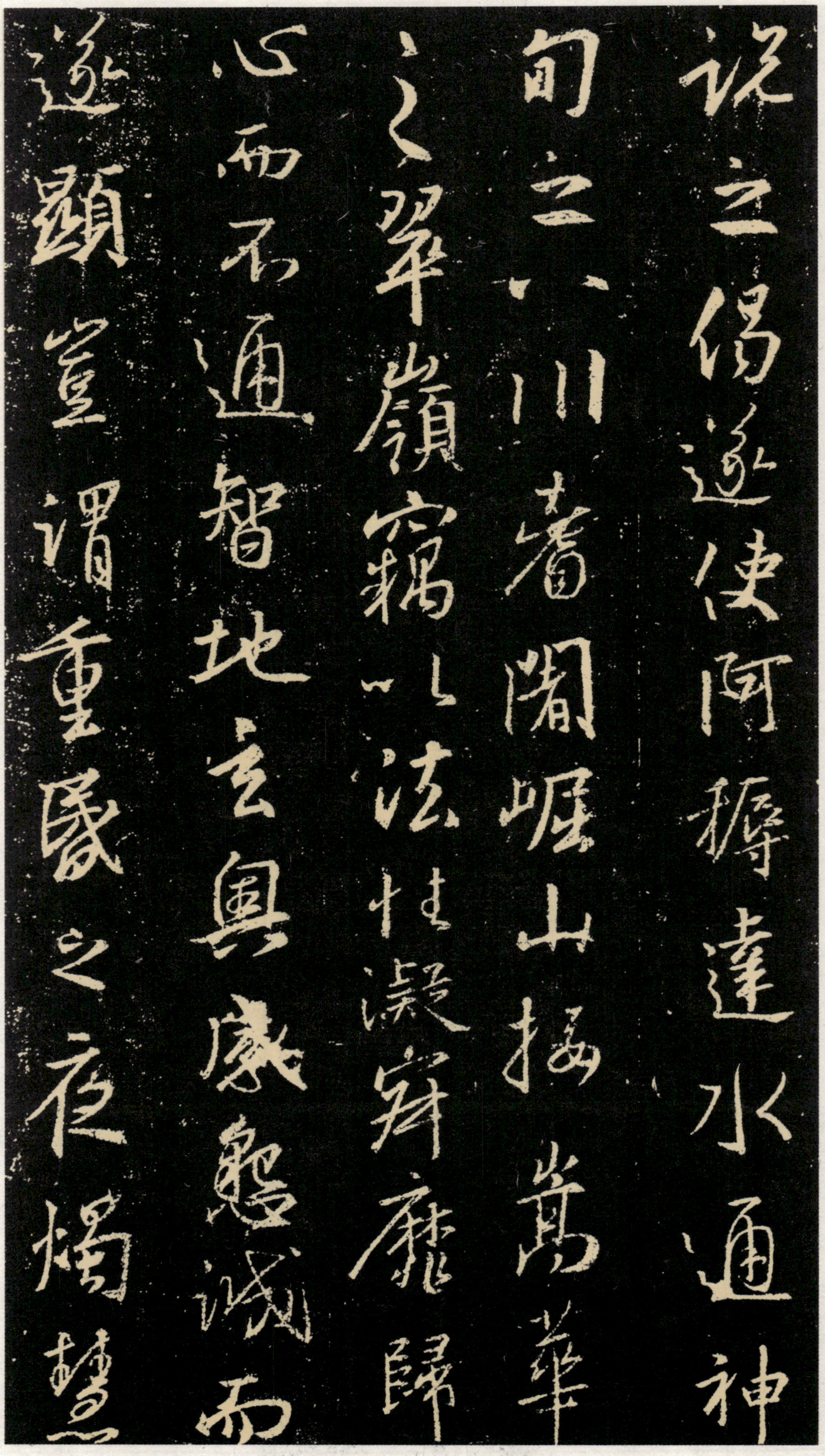

說之偈。遂使阿耨達水，通神甸之八川；耆闍崛山，接嵩華之翠嶺。竊以法性凝寂，靡歸心而不通；智地玄奧，感懇誠而遂顯。豈謂重昏之夜，燭慧

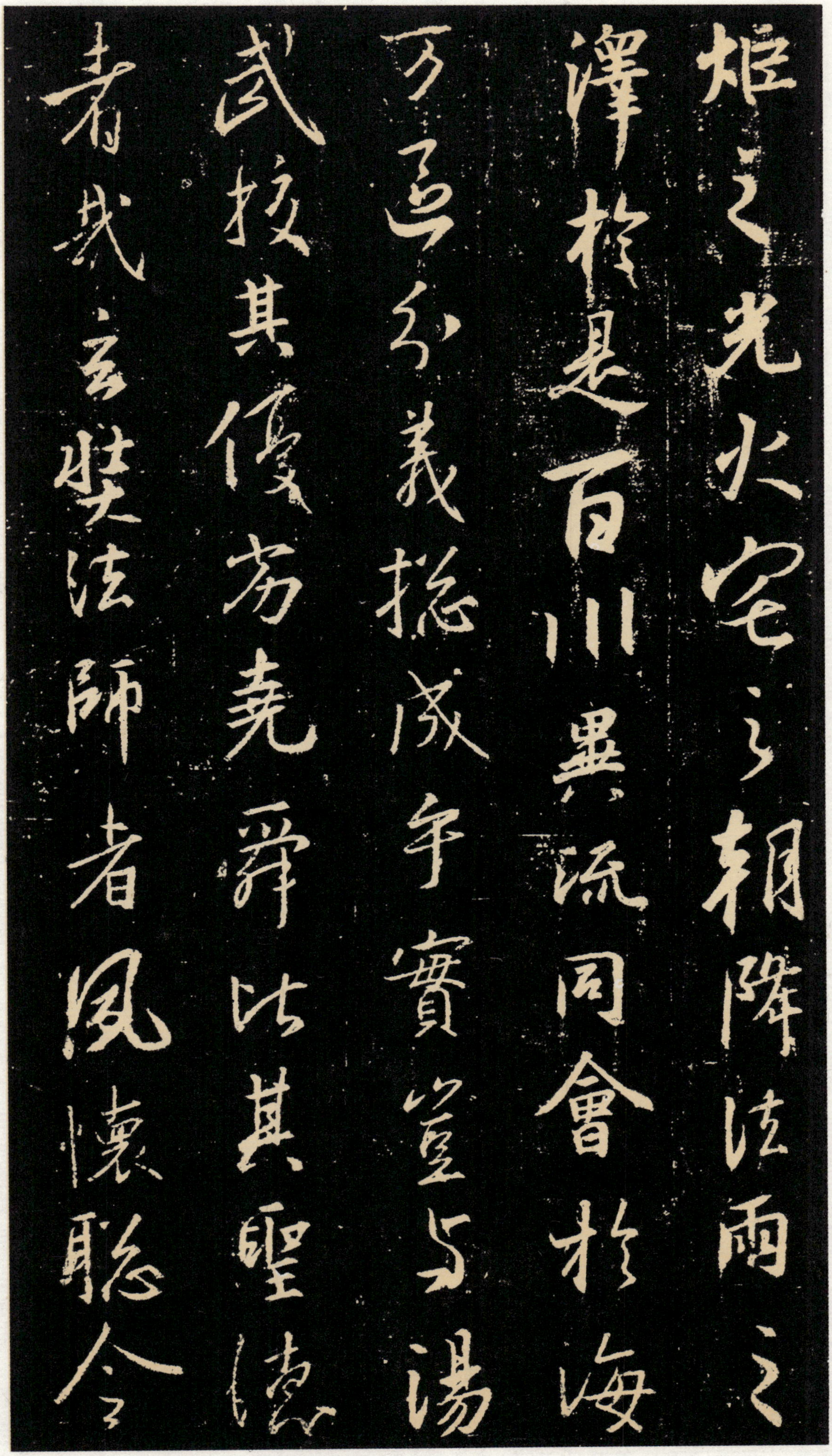

炬之光；火宅之朝，降法雨之澤。於是百川異流，同會於海；万區分義，總成乎實。豈与湯武校其優劣，堯舜比其聖德者哉！玄奘法師者，夙懷聰令，

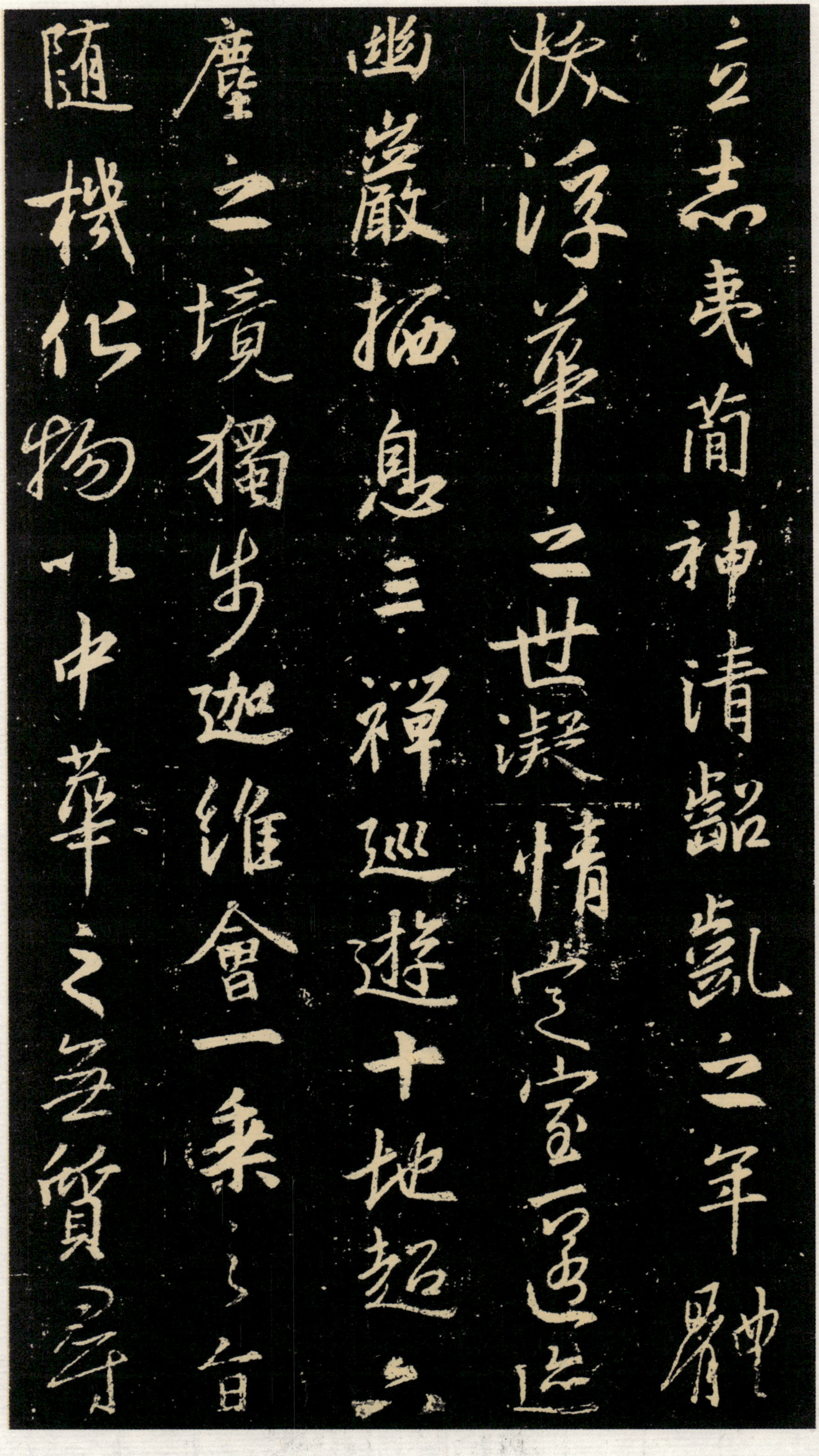

立志夷簡。神清韶齔之年，體拔浮華之世。凝情定室，匿迹幽巖，栖息三禪，巡遊十地。超六塵之境，獨步迦維；會一乘之旨，隨機化物。以中華之無質，尋

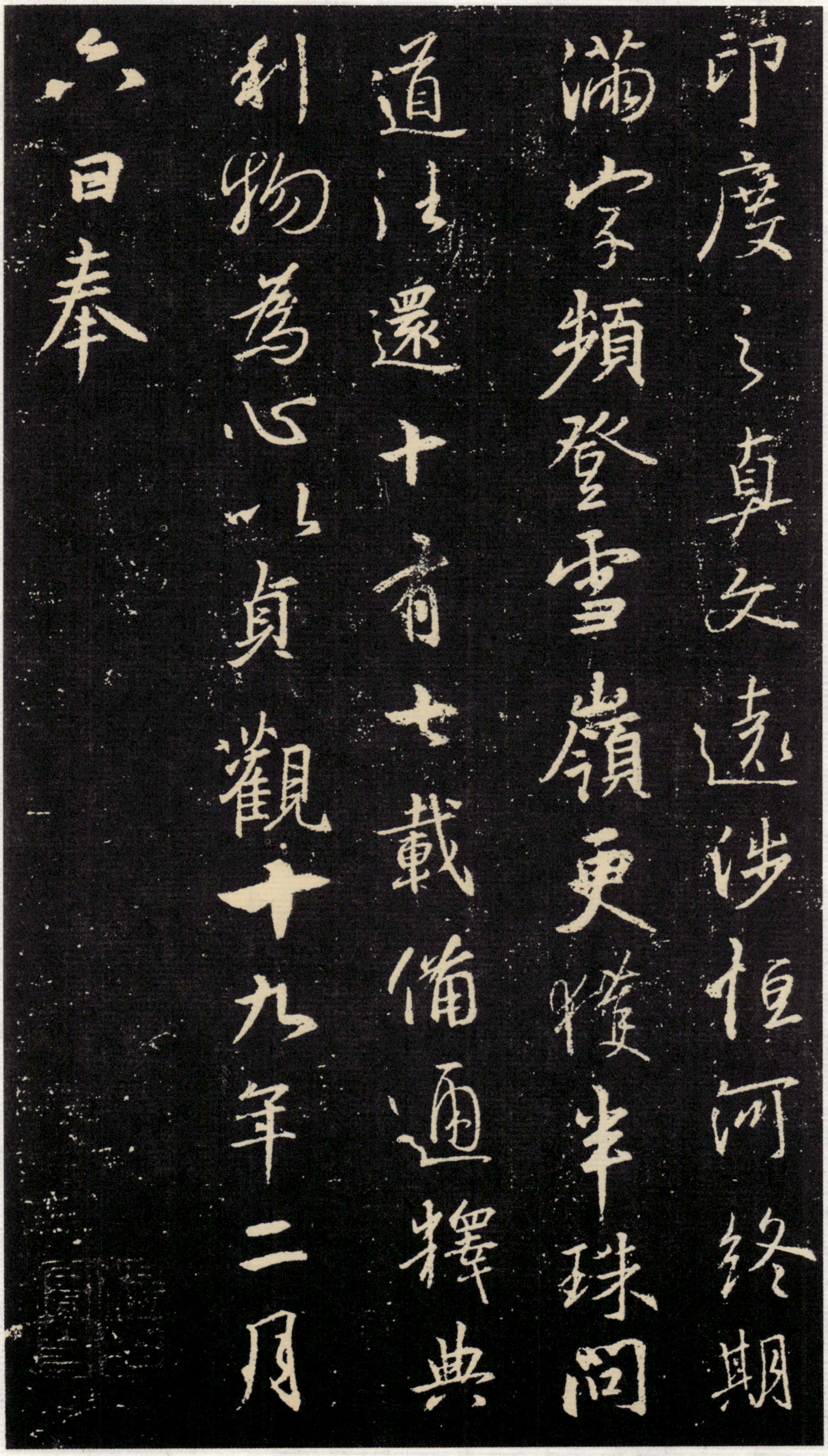

印度之真文。遠涉恒河，終期滿字。頻登雪嶺，更獲半珠。問道法還，十有七載。備通釋典，利物爲心。以貞觀十九年二月六日，奉

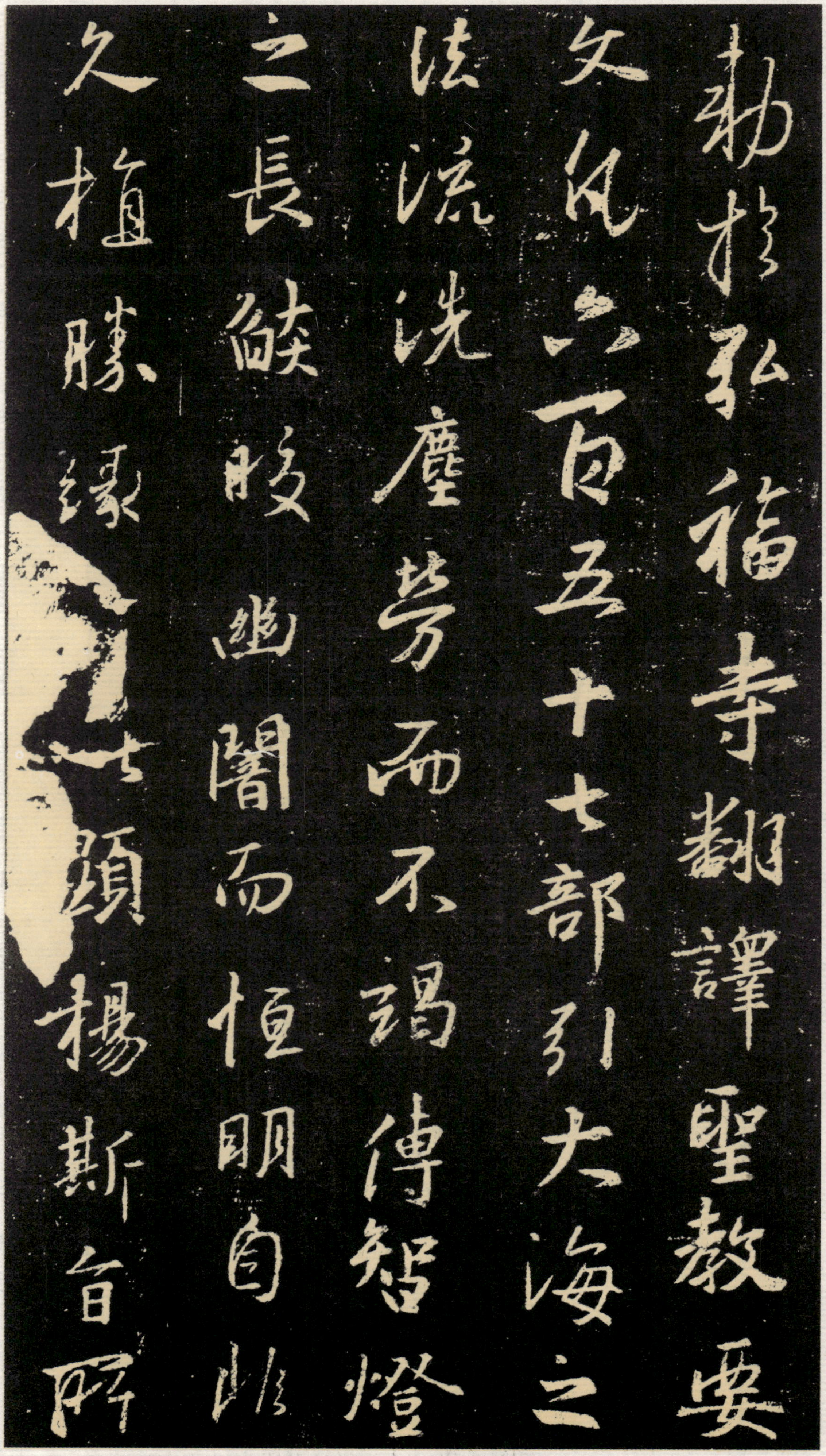
勑於弘福寺翻譯聖教要
文凡六百五十七部引大海之
法流洗塵勞而不竭傳智燈
之長燄皎幽闇而恒明自非
久植勝緣顯揚斯旨所

勑於弘福寺翻譯聖教要文，凡六百五十七部。引大海之法流，洗塵勞而不竭；傳智燈之長燄，皎幽闇而恒明。自非久值勝緣，何以顯揚斯旨？所

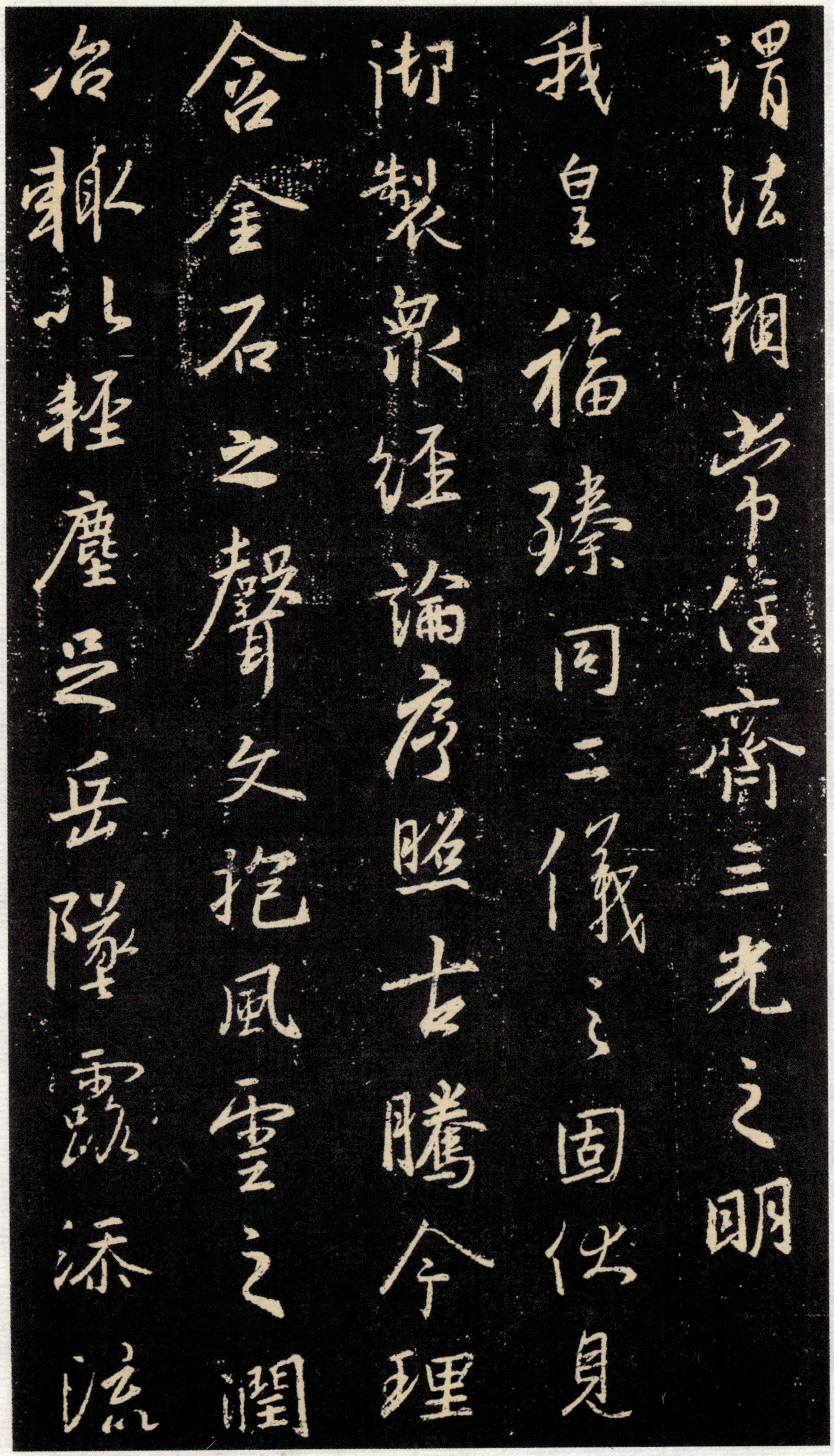

謂法相常住，齊三光之明；我皇福臻，同二儀之固。伏見御製衆經論序，照古騰今。理含金石之聲，文抱風雲之潤。治輙以輕塵足岳，墜露添流，

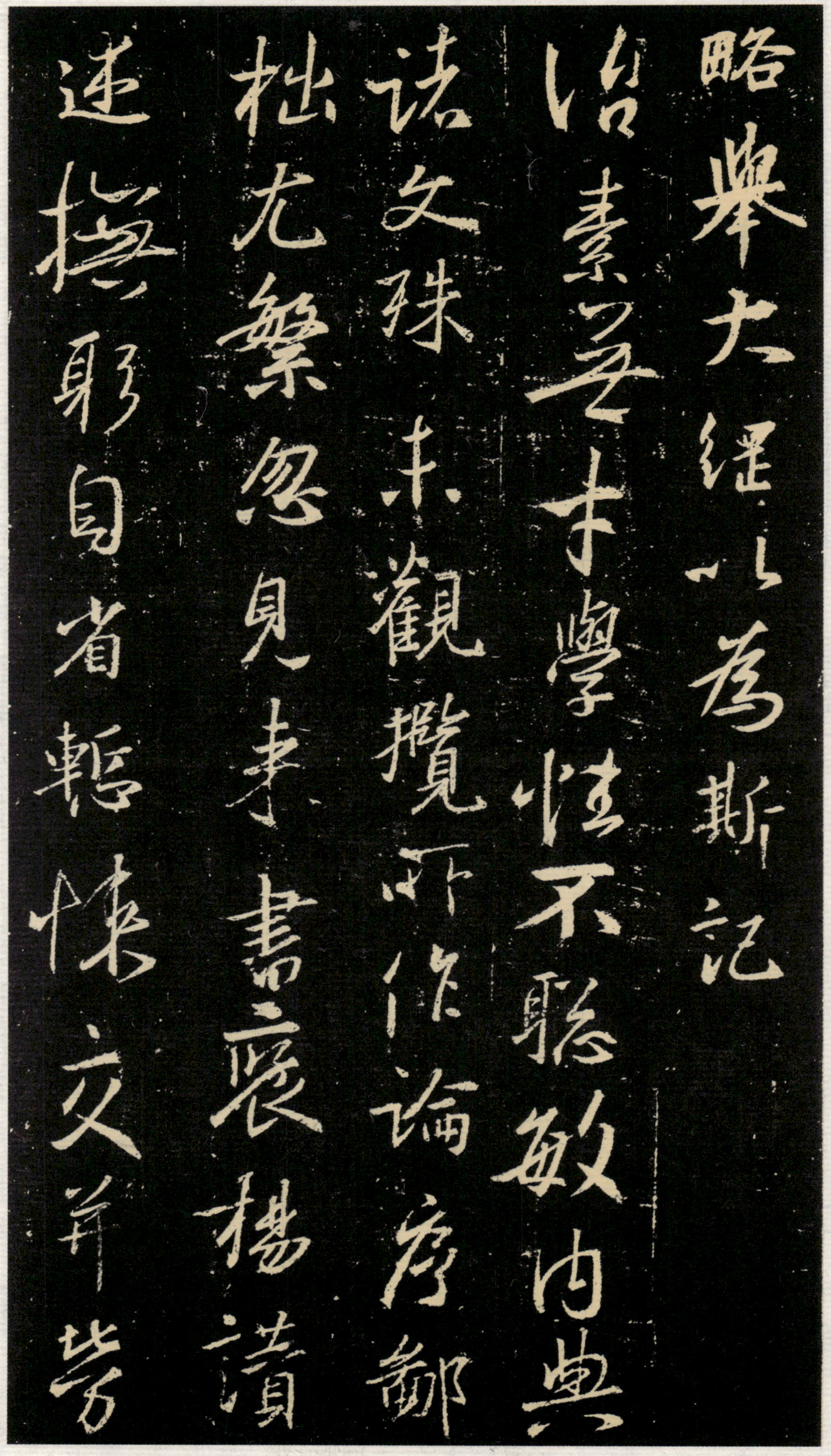

略舉大綱，以爲斯記。治素無才學，性不聰敏。内典諸文，殊未觀攬。所作論序，鄙拙尤繁。忽見來書，褒揚讚述。撫躬自省，慚悚交并。勞

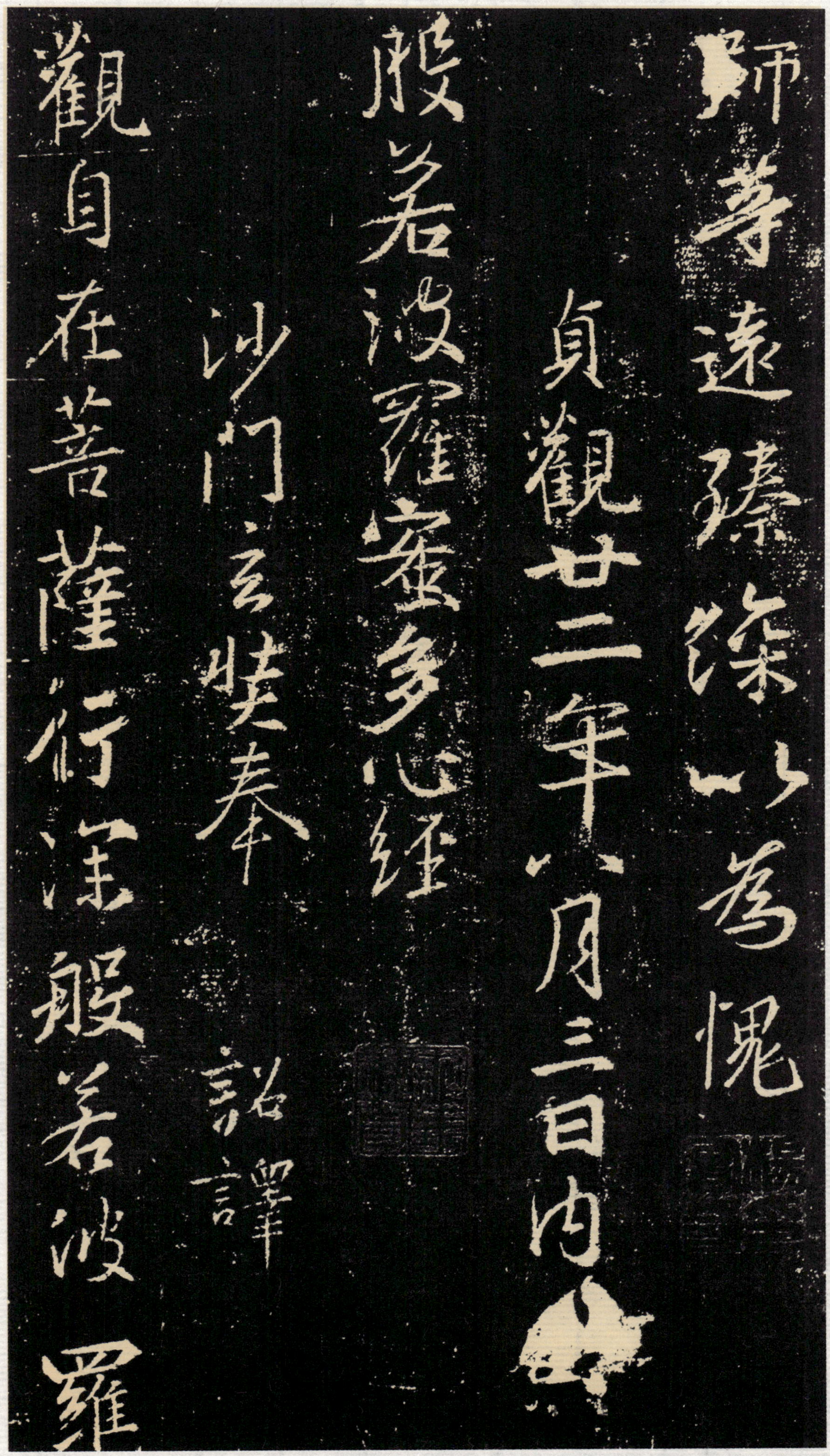

師等遠臻，深以爲愧。貞觀廿二年八月三日内府。般若波羅蜜多心經。沙門玄奘奉詔譯。觀自在菩薩，行深般若波羅

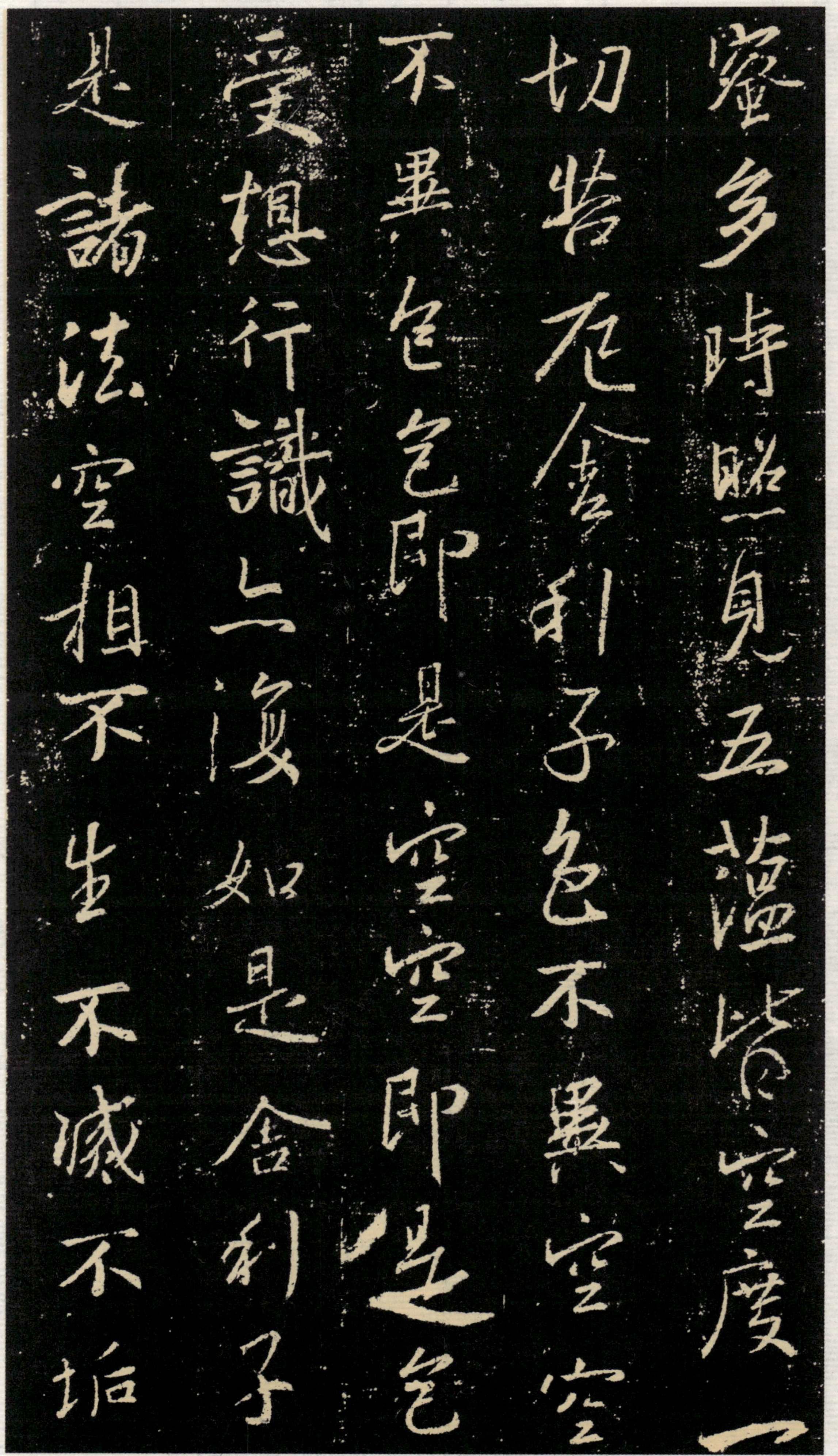

蜜多時，照見五蘊皆空，度一切苦厄。舍利子，色不異空，空不異色。色即是空，空即是色。受想行識，亦復如是。舍利子，是諸法空相，不生不滅，不垢

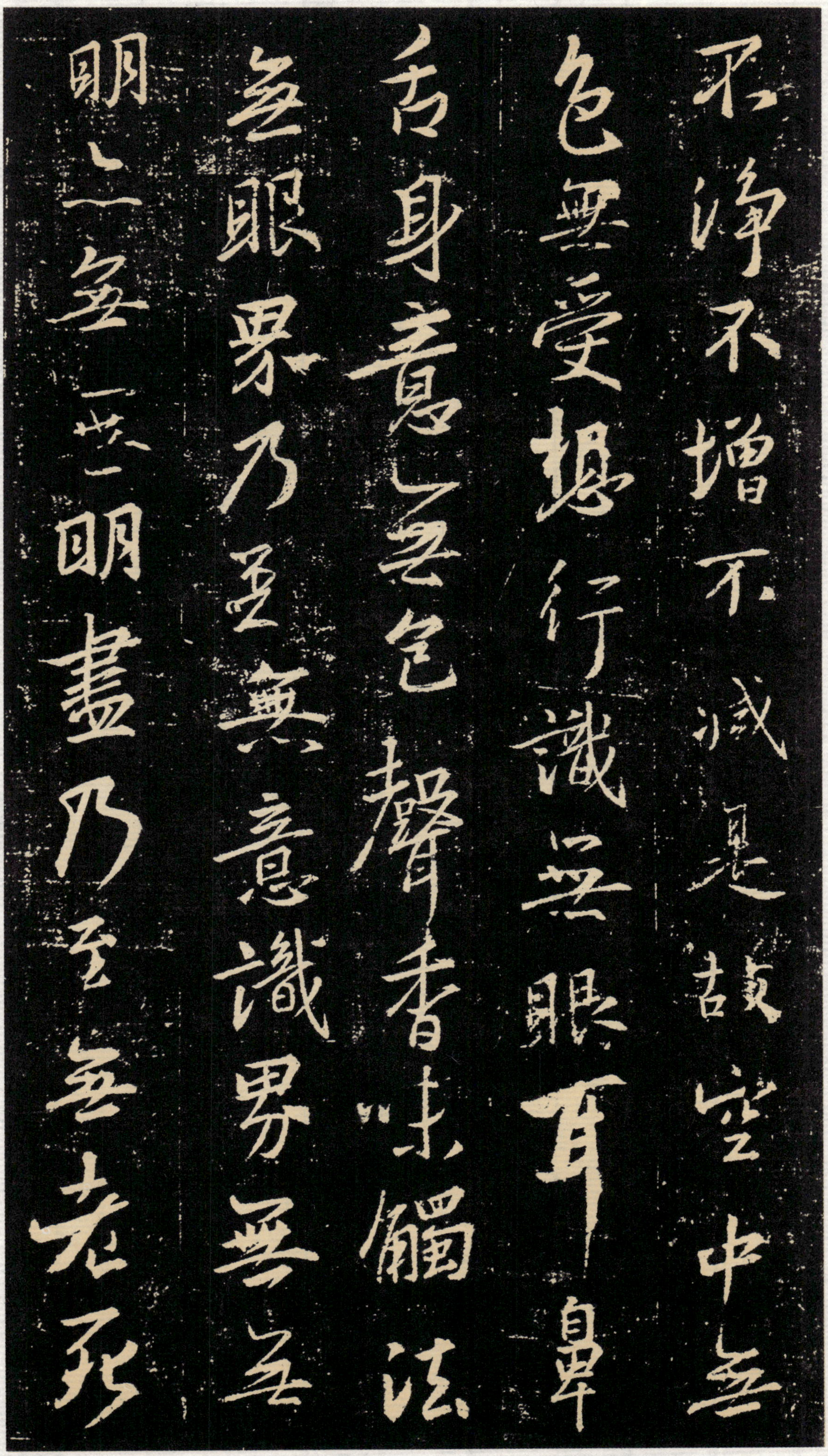

不净，不增不減。是故空中無色，無受想行識。無眼耳鼻舌身意，無色聲香味觸法。無眼界，乃至無意識界。無無明，亦無無明盡。乃至無老死，

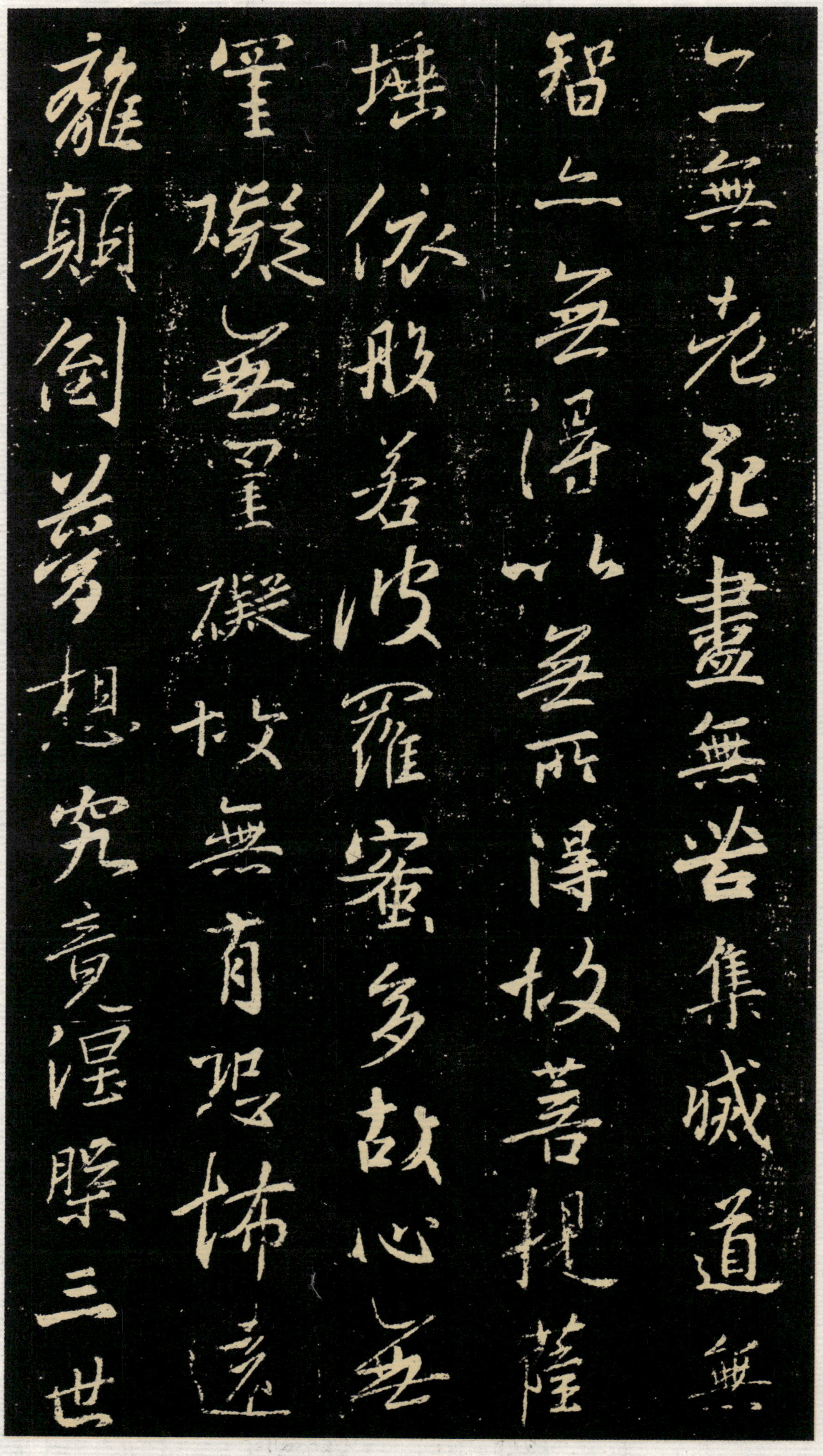

亦無老死盡。無苦集滅道，無智亦無得，以無所得故。菩提薩埵，依般若波羅蜜多故。心無罣礙，無罣礙故，無有恐怖，遠離顛倒夢想，究竟涅槃。三世

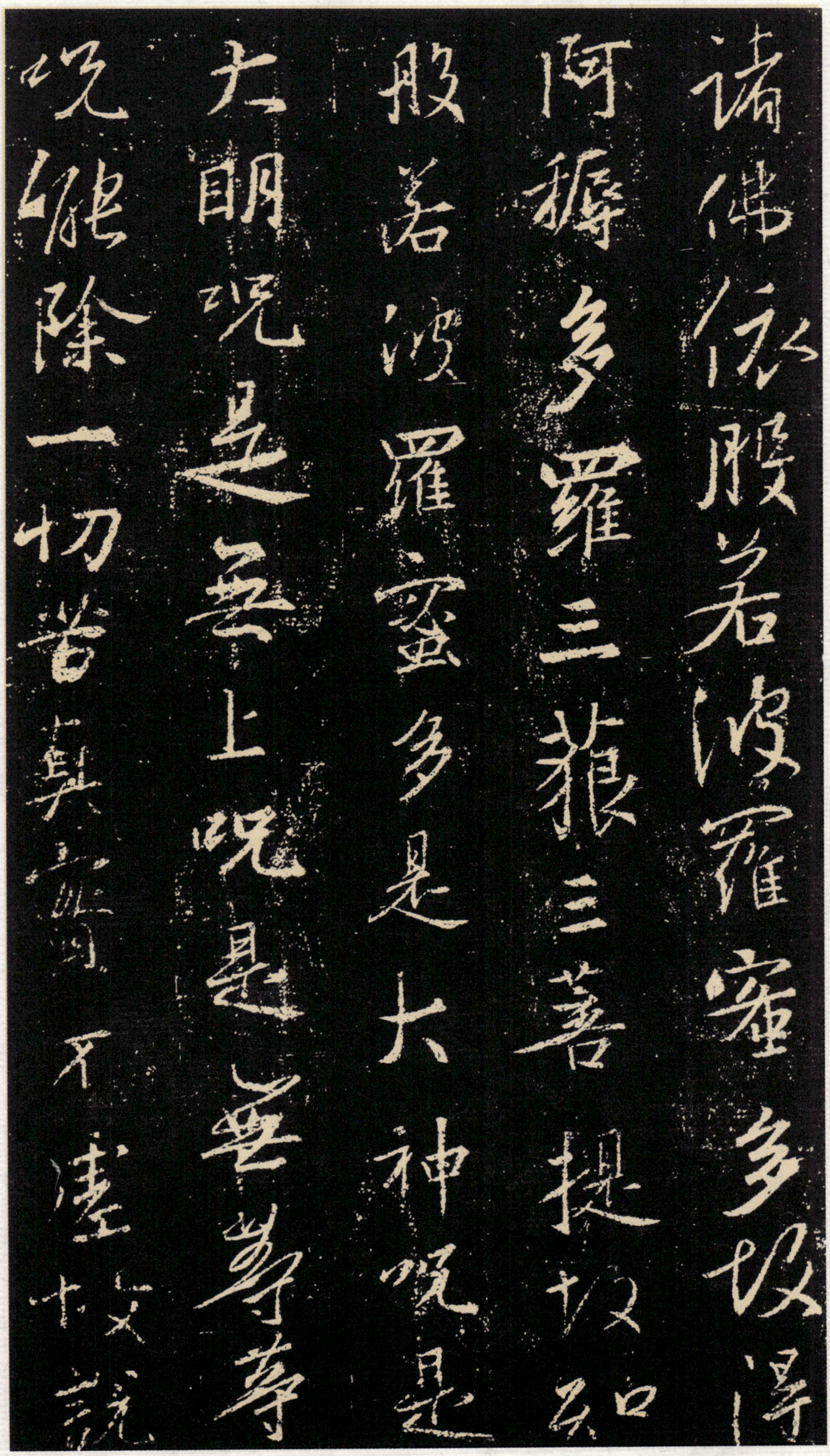

诸佛，依般若波羅蜜多故，得阿耨多羅三藐三菩提。故知般若波羅蜜多是大神咒，是大明咒，是無上咒，是無等等咒。能除一切苦，真實不虛。故説

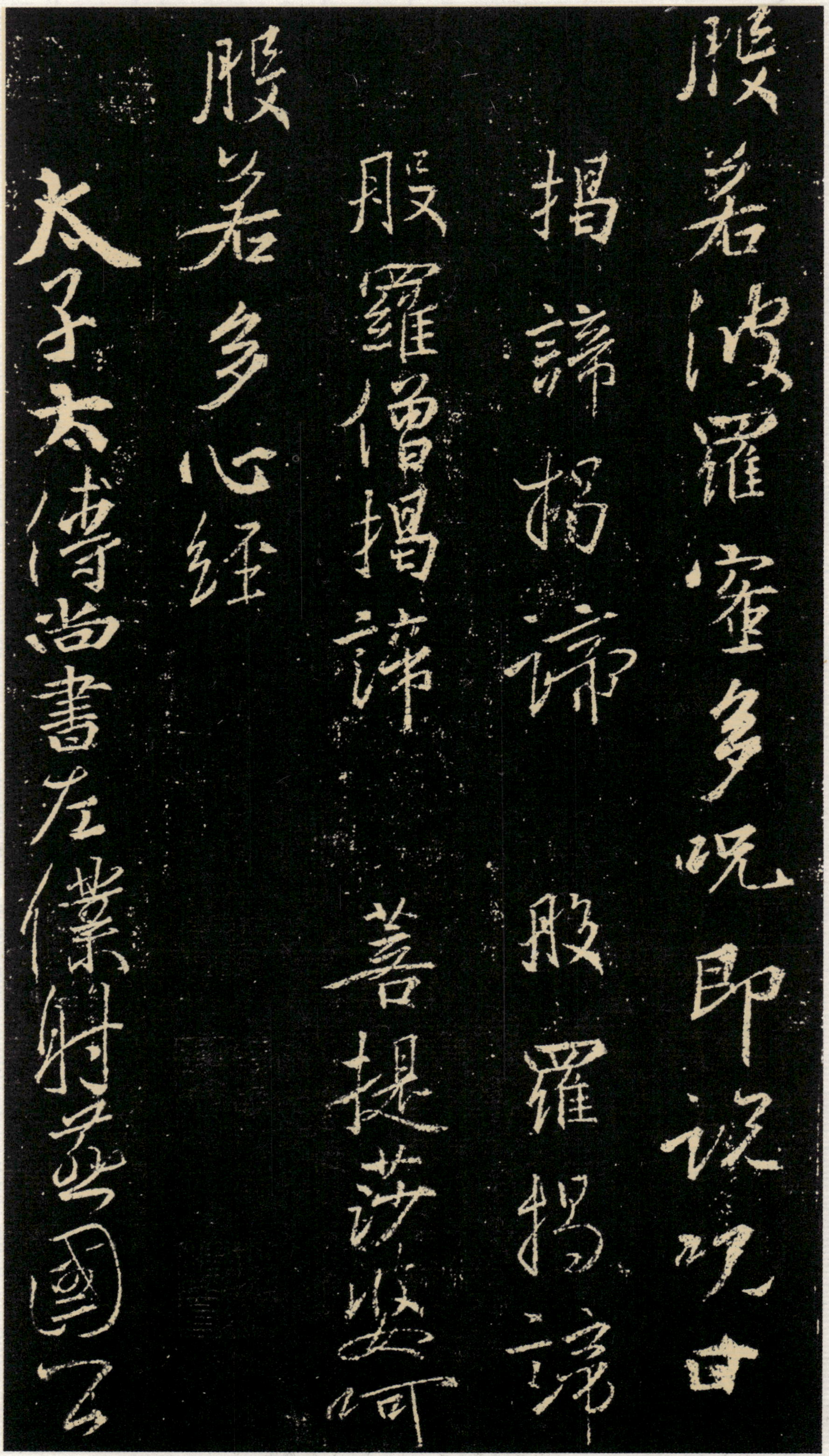

般若波羅蜜多咒，即說咒曰：揭諦揭諦，般羅揭諦，般羅僧揭諦，菩提莎婆訶。般若多心經。太子太傅尚書左僕射燕國公

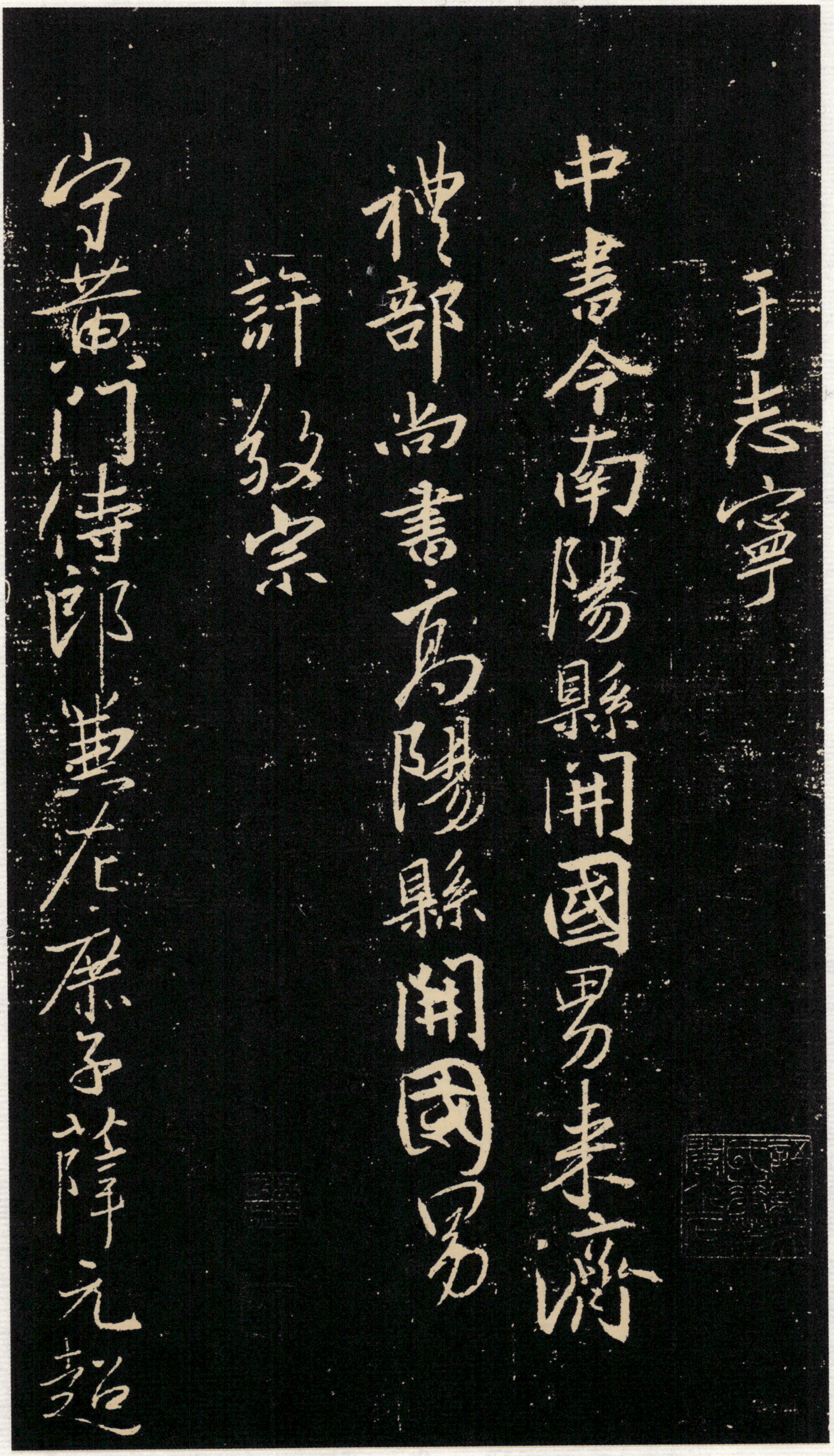

于志寧，中書令南陽縣開國男來濟，禮部尚書高陽縣開國男許敬宗，守黄門侍郎兼左庶子薛元超，

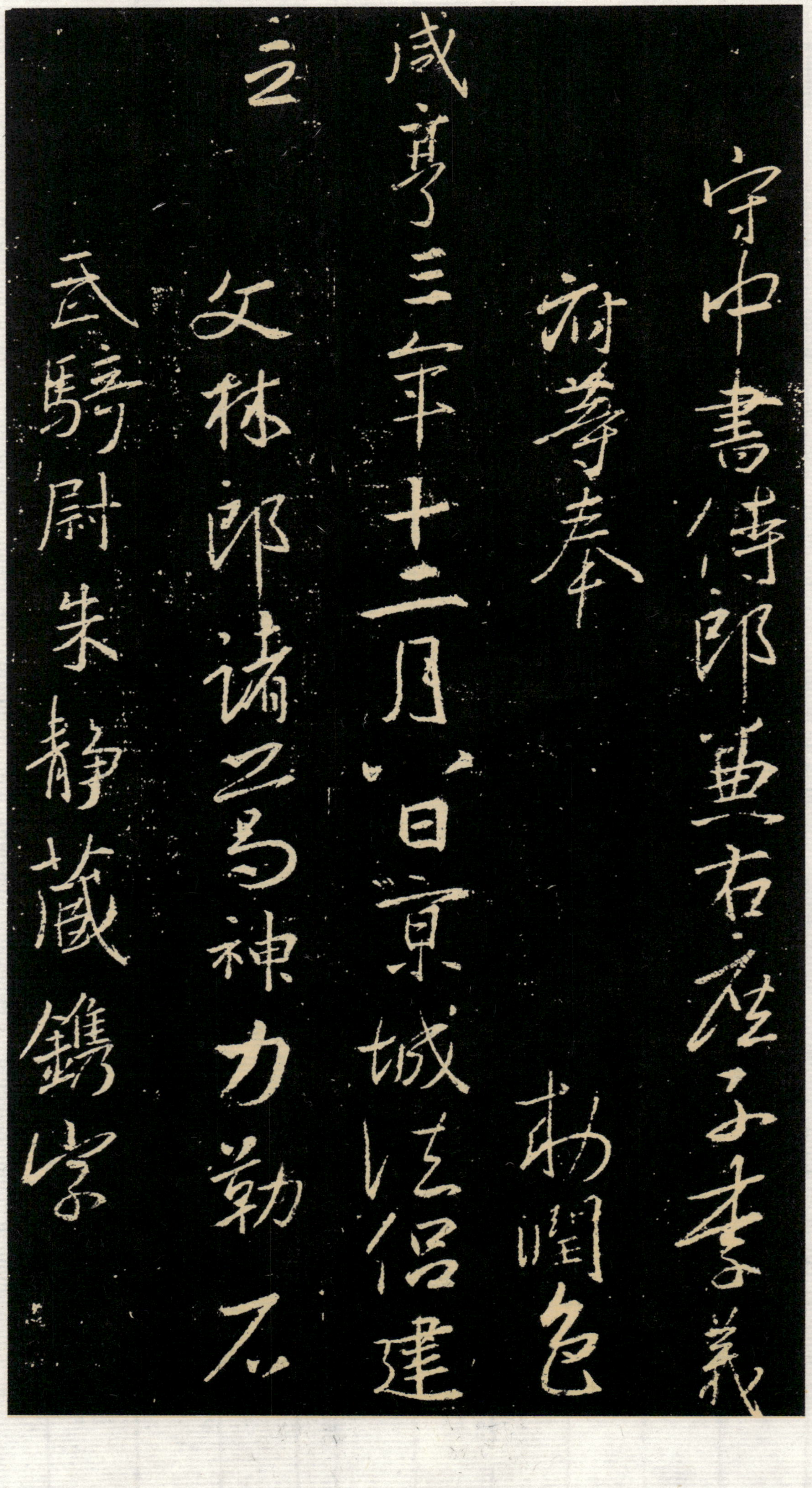
守中書侍郎兼右庶子李義
府等奉
勅潤色
咸亨三年十二月八日京城法侶建
立
文林郎諸葛神力勒石
武騎尉朱静藏鐫字

守中書侍郎兼右庶子李義府等奉勅潤色。咸亨三年十二月八日京城法侶建立。文林郎諸葛神力勒石。武騎尉朱静藏鐫字。